《清华管理评论》精选集

数字时代的管理创新与变革

《清华管理评论》编辑部 编

企业管理出版社

图书在版编目（CIP）数据

数字时代的管理创新与变革 /《清华管理评论》编辑部编. -- 北京：企业管理出版社，2024.11.
ISBN 978-7-5164-3152-8
Ⅰ. F2-39

中国国家版本馆CIP数据核字第2024JL9495号

书　　名	数字时代的管理创新与变革
书　　号	ISBN 978-7-5164-3152-8
作　　者	《清华管理评论》编辑部
责任编辑	陈戈　　蒋舒娟
出版发行	企业管理出版社
经　　销	新华书店
地　　址	北京市海淀区紫竹院南路17号　　邮　　编：100048
网　　址	http://www.emph.cn　　电子信箱：26814134@qq.com
电　　话	编辑部（010）68701661　发行部（010）68417763　（010）68414644
印　　刷	北京亿友数字印刷有限公司
版　　次	2024年11月第1版
印　　次	2024年11月第1次印刷
规　　格	880毫米 × 1230毫米　1/32
印　　张	7.75 印张
字　　数	157千字
定　　价	68.00元

版权所有　翻印必究　·　印装有误　负责调换

本书编委会

主　编　　陈　劲

编　辑　　卫敏丽　刘永选　朱　晶　周　扬
　　　　　高菁阳　陈　静　钟　珏

序言

《清华管理评论》是一本致力于传播前沿管理思想，关注企业管理前瞻性和实效性问题，贴近中国企业实践的管理类杂志。以"思想引导变革"为办刊宗旨，以"全球视野、中国根基、政经智慧、人文精神"为办刊特色。

杂志创刊于2011年，恰好是中国移动互联网快速发展伊始。随着技术的不断演进，中国移动互联网以惊人的速度发展，持续扩大的用户规模和日渐丰富的应用场景，给各行各业带来天翻地覆的变化，也为一系列新技术的发展和应用创造需求与场景。商业社会由此进入一个"颠覆性变革"频频发生的时代，易变性、不确定性、复杂性、模糊性成为最常被提及的时代特征。

《清华管理评论》见证了这样一个时代的到来。自创刊以来，刊发大量兼具思想性与实效性的文章，记录正在发生的变革。有的文章用经典理论分析新变化，期望以"不变的本质"理清"变的表象"；有的文章基于新变化发展经典理论，使之具有更广泛的适应性；有的文章从新变化中总结、提炼新的理论和方法，提供新的实践策略和行动指引。

作为一本管理学刊物，《清华管理评论》记录商业世界众多颠覆的故事；作为一种被冠以"传统"二字的媒体，它似乎正是被颠覆的对象。与具有开放性、无限性与即时性的新媒体相比，在这个"多即是对、快即是好"的新时代，一本以月为周期，每期一百多页篇幅，内容以单一的文字形式印刷在纸上的刊物似乎确实是不合时宜的。在新的变化让既有经验及知识体系的可靠性遭到挑战之时，最大限度地获取最广泛的人群发出的最新信息，是否是唯一的正确的选择？恐怕并非如此。摆脱已成为束缚的既有理念及知识体系固然振奋人心，但碎片化的知识、信息及见解若不能重新编织成网，新媒体所承诺的无限未尝不是另一种禁锢，喧哗之后余下的只有噪声。因此，如果仍然对结构化的知识或是系统性的理论抱有期待，包括期刊和图书在内的传统媒体就是有价值的。

"思想引导变革"是《清华管理评论》自创刊之日起就确定的宗旨。对思想性的强调，吸引了一大批对"快节奏""微小叙事"保持警惕的作者。无论是具有深厚学术功底的高校及研究机构的学者，还是具有丰富实践智慧的企业家和管理者，抑或是具有敏锐洞察力的机构专家，不同的身份和背景或许带来了不同的视角，但他们都相信深度思考是构建系统性和结构化知识的关键。因此，他们不满足于对新的实践给出可行与不可行的判断，更试图描述这些判断背后的假设；他们不认为将"新知"植入具体实践就足够了，而是尝试将其编织到管理学的意义之网中，通过系统的吸收去启发更多的创见。

正因如此，这套由《清华管理评论》创刊以来刊发的文章组成的"精选集"，虽然是"过往"文章的集结，呈现的是过去十余年商业世界的颠覆性变革，以及剧烈变化推动下的管理思想的更迭变迁；但它更是面向未来的、对于"思想性"及"系统性"的追求，使其具有某种牢靠性，可以基于此去定义、理解甚至创造新的变化，在持续的革新中向着目标前进，并保持足够的平稳。

"精选集"包含组织变革、领导力、人力资源、数字时代的管理创新与变革、中华文化与管理、强国战略与管理创新等十余个主题，将陆续出版。

目录

1 "极限理性"和"有限可靠性"下的管理决策——展望人工智能对管理决策的革命
　鲍勇剑　戴文渊　Oleksiy Osiyevskyy　徐石　　1

2 区块链的边界　郭迅华　　23

3 "万联网"与多智生态系统：未来商业模式与组织架构　李平　杨政银　胡华　　35

4 数字经济时代的生态系统战略：一个ECO框架　马浩　侯宏　刘昶　　67

5 第四次工业革命与算法治理的新挑战
　贾开　薛澜　　85

6 数据时代的企业算法治理思维　刘杰　　97

7 数字期权与数字债务：打造数字平台的持续竞争力　焦豪　孙洁　孟涛　　121

8 价值圈层：数字时代的新空间和新战略
　童文锋　史轩亚　杜义飞　　139

9 面向自动化的企业创新战略　王毅　　155

10 构建面向数字创新的知识生态系统
　　阳镇　许睿谦　陈劲　　　　　　173

11 实现工业5.0：人机融合新关系的构建
　　邓洲　　　　　　　　　　　　　191

12 数字"五化"与商业模式及组织管理模式创新　王子阳　朱武祥　李浩然　熊立铭　205

13 注意力配置：在新型工业化进程中增强数字化竞争能力　宋翔　　　　　　　　223

1 "极限理性"和"有限可靠性"下的管理决策——展望人工智能对管理决策的革命

人工智能直接挑战现代管理学的三大核心基础概念：有限理性、交易成本经济化、机会主义行为。在设定的业务主题内，智能决策系统基本不受计算能力限制，可以追求无限优化。同时，与人工智能相适配的区块链技术支持数据化的互信。它将"有限可靠性"从概念落实到可以追溯的交易责任。在这两大概念变化的影响下，管理决策的形态也从马奇的二分法，即利用与探索，丰富发展到四种形态。中国人工智能企业"第四范式"和协同软件企业"致远互联"为正在形成的管理决策趋势提供了实证支持。未来，不止于赋能，关于人工智能影响管理决策的负面效果的研究也必须列入议程。

——鲍勇剑 戴文渊 Oleksiy Osiyevskyy 徐石 | 文

在《组织与市场》一文中，赫伯特·西蒙（Herbert Simon）假想一个场景：如果火星人造访地球，他们用绿色标识组织，用红色线条显示市场，用蓝色记录组织内部等级，那么看到的一定是大片的绿色被稀落的红色线分割开来。火星人给总部发送的密电一定是：地球是组织，但被一种叫市场的机制分割着。

西蒙认为，人的有限理性（Bounded rationality）造成组织的市场边界。市场自发自愿的交易配对可以解决组织规模和内部规划成本之间的矛盾：受决策者认知能力有限性的影响，超过一定的规模，内部治理成本将超过外部市场交易成本。

借助"有限理性"和"自利假设"，奥利弗·威廉姆森（Oliver Williamson）建立交易成本经济学。这两位诺贝尔奖经济学家的理论为现代管理的决策学奠定了三大基础概念：有限理性、交易成本经济化（Transaction cost economizing）、机会主义行为（Opportunistic behavior）。

然而，"有限理性"正被爆发式发展的人工智能解构。业务主题领域边界确定后，人工智能的计算能力可以假设为无限充足。它否定了"有限理性"的有限计算能力前提。因此，决策者可以追求"优化"（Optimization）而非交易成本经济化。简言之，人工智能允许"极限理性"（Unbounded rationality）。本文用"第四范式"案例说明它如何在现实中生效。

与此同时，受到人工智能和区块链技术的影响，维博克（Alain Verbeke）的"有限可靠性"（Bounded reliability）的概念越来越有现实的意义。"有限可靠性"解释交易中的非机会主义的违约现象。交易一方可能没有自私自利的欺诈行为，但确实无法按照合约履行责任。过去，有限可靠性具有理论上的合理性，但无法落地实施，因为追溯历史的活动太困难。随着人工智能的记忆能力、计算能力和算法的提升，在区块链技术的支持下，过去难以追溯的非机会主义活动，现在可以量化解析。这个概念具有现实意义。以携程的"亲子园"为例，携程为员工设立亲子园的决策是在过去条件下尽责的选择，如果社会接受"有限可靠性"的概念，就不会对高管无限追责，也许可以避免后来关闭亲子园的双输结果。

在"有限理性"和"有限可靠性"两个概念共同变化的影响下，管理决策的形态日益丰富化，从"利用"（Exploitation）和"探索"（Exploration）两种选择发展到至少四种形态。不过，组合作用下的形态有些是可取的，有些需要审慎对待。

本文首先讨论人工智能对"有限理性"在两个方面的解构，即有限计算能力和隐性知识。其次，指出人工智能区块链是怎样赋能"有限可靠性"概念的，并使之成为组织协同活动的保障。最后，讨论被解构的"有限理性"和被赋能的"有限可靠性"对管理决策形态的影响。

从"有限理性"到"极限理性"："第四范式"案例

1955年，西蒙提出管理决策中的"有限理性"概念。不久，它就成为现代管理的一个奠基性质的概念。"有限理性"的前提假设是：现实世界里，管理人的认知能力有限。因此，管理人的决策原则不是优化，而是"满意即可"（Satisficing），即受有限的认知能力影响（如计算能力），管理人在决策中不是追求最优选择（Optimal Solution），只是寻找和接受足够好的解决方案（Good Enough Solution）。"有限理性"概念对管理学影响深远，包括对威廉姆森"交易成本经济化"理论的影响。这两位诺贝尔奖经济学家和他们的核心概念深深影响了现代管理决策的理论和实践。

"有限理性"是针对自然人决策能力和特征的。日新月异的人工智能和大数据的发展直接挑战这个核心概念。首先，在选定的业务主题范围内，机器的计算能力可以推向极限（可以满足对任务目标的最优化处理）。其次，人工智能的五个发展纬度（BRAIN, Big data, Response, Algorithm, Infrastructure, Needs）中任何一个纬度的发展都会给系统带来几何级数的爆发能力，让人工智能的决策支持能力超过管理人的决策最优化需要。再次，机器交互和迁移学习突破隐性知识的壁垒。最后，衡量人工智能水平的VC维的逻辑突破"满意即可原则"背后的妥协逻辑，体现"最优化"的逻辑。这些打破有限自然人的有限理性的应用在人工智能企业"第四范式"的"先知决策"系统中已经实现。

"第四范式"概念来自科学家吉姆·戈瑞（Jim Gray）。戈瑞把人类科学发展分成四个阶段，每个阶段为一个范式。

第一范式是原始记录自然现象。例如，钻木取火，人们记录了这个自然现象，下次需要火的时候重复这个活动，就有火了。这个范式也称为"实验科学"。

第二范式代表对自然现象背后规律的总结。例如，牛顿总结物理记录的那些自然现象，得出三条规律，即牛顿三大定律；又如，爱因斯坦修正了牛顿三大定律，总结出相对论。这个范式又称为"理论科学"。理论科学有个特征，就是个人手工推演，以至于很多复杂的现象没有办法推演。

第三范式是使用电子计算机，用计算机推演定律，总结规律。天气预报就是代表，如果靠手工推演，不可能做出天气预报。类似的模拟实验都是第三范式阶段的计算科学。

戈瑞认为，未来的科学会发展到第四范式阶段，这个阶段说得夸张一点就是牛顿和爱因斯坦都失业了，计算机替代科学家从数据里面总结、提炼规律。同时，未来的科学家也不再是牛顿和爱因斯坦这样的类型，而是称为"数据科学家"。他们教计算机成为牛顿和爱因斯坦。

由人工智能机器总结规律的知识自动化并不仅限于物理学，各行各业都可以。例如，金融领域在信审、反欺诈，甚至营销方面，都可以像牛顿那样总结出很多规律。总结规律的事情都希望交给计算机来做，这就是"第四范式"的业务。"第四范式"的"先知系统"（Prophecy 3.0）就是用人工智能的方法帮助各行各业总结规律。计算机总结科学规律直接挑战"有限理性"的概念，因为人工智能的认知能力可以无限扩展，可以追求极限优化。

以"第四范式"与银行信用卡中心的合作为例（见图1），该银行需要通过数据精准识别出所有客户当中的信用卡账单分期客户。过去，该信用卡账单分期模型只能到达两百维（变量）。经过不断发展其已提升至"五千万维"，使账单分期推荐短信的响应率提升了68%，账单分期手续费提升了61%。其实，千万维甚至亿万维的模型都没有技术上不可逾越的坎。模型的复杂性是根据业务主题和场景设计的。最优化不是无限大，而是不再受制于人脑的认知限制，不需要遵守"满意即可"的决策原则。

打破"有限理性"的还有人工智能的系统优化能力。它体现在五个方面，取其第一个字母，被称为"BRAIN优化能力"。

千万级维度特征设计

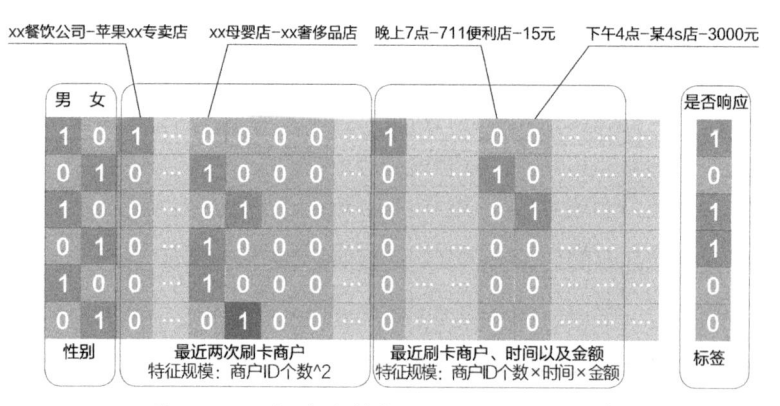

图1 人工智能支持极限理性和优化决策

BRAIN 系统决策的优化能力

完整的人工智能系统需要五个前提条件。第一个是符合人工智能格式的大数据（Big data），这个数据需要按照人工智能的要求来收集。例如，在一些营销场景，过去企业收集的通常是财务数据，比方说顾客买了商品，企业就记录顾客买了这个东西，但是通常不会记录顾客看了哪些，买了知道，没买就不知道。所以，"第四范式"首先帮助企业按照人工智能所要求的格式收集数据。第二个是要形成反馈（Response），要定义准确什么是好的，什么是不好的。没有反馈，机器无法学习和成长。第三个是算法（Algorithm）。科学家越优秀，算法越高级。第四个是体系架构（Infrastructure），因为现在对AI来说都是大数据环境。一个简单的系统问题，在大数据环境下就不是一个简单的问题。就好像盖房子，盖一层楼可能找一些泥瓦匠就盖起来了，盖一百层，那就非得要有结构设计。第五个最重要，是需求（Needs）。有了需求，就有业务主题范围，就可以在此范围内追求优化决策。

"第四范式"的先知决策系统在这五个要素之间建立闭环回路。当需要（业务主题）确立后，BRAIN的系统决策能力可以不断提高，并不受过去的"有限理性"概念的限制。对比组织的一般活动复杂度，人工智能的系统能力高过决策需要。在这个意义上，我们说人工智能打破有限理性，追求极限理性。

机器交互让"有限理性"不相干

机器交互（机器之间直接沟通）是"第四范式"的先知系统另外一个打破人脑思维"有限理性"的设计。"第四范式"做的人工智能和过去的那些感知相关的人工智能会有很大的区别，过去的人工智能其实是在模拟人或者理解人。以自然语言理解为例，我能去理解你说的这句话是因为我代入到你的场景，我才能去理解，这就要求计算机把自己变得越来越像人，比方说图像识别，我们需要让计算机看到这张图片的时候知道人看到图片的时候焦点在哪里，它才可以识别。计算机的本性是非常高带宽的、高速的，计算机是大内存的一个机器，而人是低带宽，运算速度比较慢，容量也是比较小的。同样，理解自然语言的时候，我们要让计算机有上下文，其实计算机是没有上下文的。它读《红楼梦》读到最后一个字的时候，还记得第一个字是什么。简要地讲，所有过去感知类的AI其实在做一个和人打交道，让自己变得像人的工作。

"第四范式"的设计思想却不同。"第四范式"要干的其实是（没有人参与决策过程沟通时）机器怎么做。整个运作过程没有人参与的时候，其实机器和机器的交互是可以在非常大带宽的情况下进行的。机器是怎么做牛顿的工作的？机器做牛顿不会只总结三条定律，而是在每个速度区间内把速度划分出更多区间，如一到十为一个区间，十一到二十为一个区间，可能划分出几千万的区间，每个区间总结三条定律。按照速度区间划分，那就不会出现高速情况下牛顿定律不可用的情形。如果需要，它可能最后总结出三千万条定律、三亿条定律。这对于人来说不可能，如果牛顿总结出三千条定律，就没人想看他的理论了。但是机器没关系，A机器告诉B机器三亿条规律没有问题，B机器一秒钟就接受了。这就是机器交互的特征，让"有限理性"概念变得不相关。

从这个角度看，过去，人让机器做什么；现在，机器提醒人做什么。"第四范式"系统有知识自动化特征。一方面是知识的自动化,这样的话有更多的知识会被发现;另外一方面,即便是过去人已经发现了的知识,机器能做得比过去更细。

举一个实例,"第四范式"在帮助一家企业开发它的汽车贷款时,机器发现一条规律,某一台POS机上刷卡办汽车贷款的概率远远高于其他POS机,一个月有几百单交易,但它是一个很小的店。调查发现,那个店是母婴店。假设是,可能太太怀孕,然后买车或者换一辆更大的车是刚需,手头上比较紧张所以就办了汽车贷款。这个规律其实人是可以发现总结的。为什么没有?因为关注这样的细节,处理分析这些细节信息都太烦琐,成本太高。这样的业务决策对一家企业来说,如果让人做根本划不来。雇一个人做这个业务决策,企业付给他的工资是二十元钱,这个决策给企业赚了五元钱,是亏本的。但是,如果计算机来做,只需要付给计算机一元钱的电费,能赚五元钱,这就是值得追求的极限理性决策。

总之,"有限理性"对自然人决策有影响。但在机器交互环境中,"有限理性"的概念没有相关性。机器之间遵循"极限理性"的规律。

消失中的隐性知识优势

人工智能对"有限理性"概念的挑战还体现在学习范式的改变和被解构的隐性知识上。隐性知识是支持动态竞争能力的重要支柱,但是受到人工智能的挑战。下面以"第四范式"的迁移学习为例,我们解释受隐性知识支持的竞争优势未来可能无法维持。

"有限理性"不仅表现在速度和容量方面，还表现在范畴方面。属于个人经验范畴的、没有标准化语言呈现的、需要身体力行才能理解的隐性知识就是典型的例子。匈牙利哲学家迈克尔·波兰尼（Michael Polanyi）曾说"你（专家）能讲出来得比知道的少"。讲不出的部分就是隐性知识。日本学者野中郁次郎（Ikujiro Nonaka）把它和东方思维结合在一起，总结出知识管理中显性和隐性知识的问题。

长期以来，组织中的隐性知识构成了动态竞争能力的一部分，是竞争优势的来源。用"有限理性"概念来解释，后来的学习者认知能力有限，难以跨越专业知识范畴的藩篱，难以立即获取专家的经验判断和洞见。但是，人工智能遵循的迁移学习方法可以超越知识范畴的限制，可以解构隐性知识。更值得注意的是，人工智能的VC维同时包括机器认知的宽度和深度，有着人的认知无法比拟的优越性。这些技术消解了"有限理性"的前提条件，向未来的管理决策提出新课题。

如图2所示，隐性知识还能够为人的管理决策带来竞争优势。一旦迁移学习技术发展到成熟阶段，人工智能的优势被先行设定在系统中，自然人的决策优势就越来越小。下面解释隐性知识是怎样在人工智能的影响下消失的。

隐性知识的背后其实是知识呈现和表述的形式。人的知识表述受限于个人经验、标准化语言形式、沟通双方理解和表达能力的差异、人的学习习惯。但人工智能的"迁移学习"不必依循人脑思维路径，也就不必受隐性知识因素的约束。迁移学习最关键的一个点就是知识表述。以数学和物理为例，为什么数学能帮到物理，是因为我们要能够建立起数学和物理两部分知识的公共知识表述，如果建立不起来，这方面是没办法迁移的。

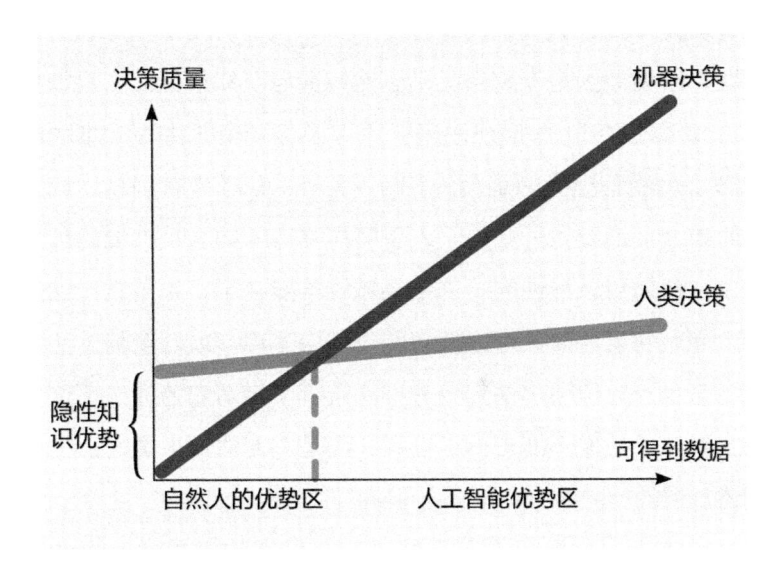

图2 消失中的隐性知识相关的竞争优势

迁移学习其实是人具备的基本技能。比方说，学过英语的人学西班牙语会容易一些；学过数学的人学物理会容易一些；学过国际象棋，后来从国际象棋转中国象棋的时候会比那些入门中国象棋的学得快很多，这就是迁移学习。这对于人来说是很自然的，过去学过的东西对于未来相关的学习是有帮助的。

主流的机器学习技术像神经网络，如果是学数学，定义一个神经网络，就好像生成一个大脑，然后让它去学数学，等学习物理的时候，机器再形成一个新的大脑去学习物理。而人为什么能迁移，是因为人用同一个大脑既学数学也学物理，在这中间会有一些公共的脑细胞，这些脑细胞既在解决数学问题，也在解决物理问题，这就形成两个迁移。其实就背后的原理来说，就是一种公共知识的表述。人（专家）有无法全部表达的问题，主要原因是专家自己不全然知道自己知道什么，只能把自己知道的5%~10%描述出来。比方说，一个医生写一本医学的书，可能写出来的是会的10%，另外的90%是看到具体病人的时候才知道要做哪些事。人工智能略有不同。从0101的信号来说，都是可以呈现的。这个领域的难点在于，不是它无法呈现，而是它无法以人可以理解的方式去呈现。就好像阿尔法狗赢了李世石，但阿尔法狗没有办法告诉李世石它为什么下这个棋会赢。不是说不能告诉李世石，而是它无法用人类的语言去描述。

过去机器学习都没有迁移学习，所有的机器学习都像刚出生的婴儿一样从头开始学。它把数学学会了，但当它开始学习物理的时候，过去学过的所有东西都忘记了，又重新开始学习。所以，我们会发现阿尔法狗需要下一千万盘以上的棋才能达到九段以上的水平，但是人类只需要下几万盘棋，因为人类在下棋的时候大量借鉴的自己生活的场景、生活中博弈的场景，其实都在帮助我们思考如何去下棋，但是机器不行，机器就是一个只会下棋的执行者。这是过去的机器学习或者说人工智能的缺陷，迁移学习要解决的是未来能不能让机器活到老学到老，不断跨领域终身学习，而不是每次都进入一个新的领域。

迁移学习在公共知识表述上取得了突破。人工智能的知识表述不仅可以做到高带宽的、高速的、大内存的，而且能够以人不能理解的编码方法让机器交互。这就突破了人脑决策的有限理性。我们经常使用一个成语叫作面面俱到，它对于人是贬义词。又如事无巨细，也是贬义词。但是对计算机就是褒义词。反之亦然，我们说抓大放小，形容一个人有水平。但是放在计算机就是贬义词。

如图3所示，在机器交互和迁移学习的支持下，传统的"有限理性"假设可以不断被突破。人工智能的认知技术能力超过了组织决策对认知条件的要求。只要决策需要明确，涉及决策的长尾数据可以囊括。因此可以决策优化，而不是满意即可。

机器学习技术：面面俱到

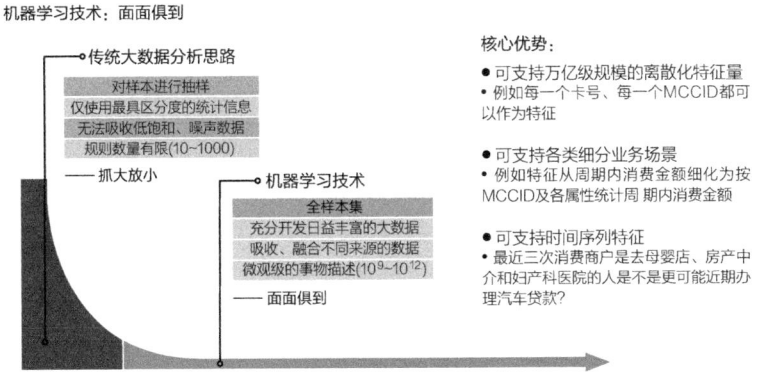

传统大数据分析思路
- 对样本进行抽样
- 仅使用最具区分度的统计信息
- 无法吸收低饱和、噪声数据
- 规则数量有限(10~1000)
- 抓大放小

机器学习技术
- 全样本集
- 充分开发日益丰富的大数据
- 吸收、融合不同来源的数据
- 微观级的事物描述(10^9~10^{12})
- 面面俱到

核心优势：
- 可支持万亿级规模的离散化特征量
- 例如每一个卡号、每一个MCCID都可以作为特征

- 可支持各类细分业务场景
- 例如特征从周期内消费金额细化为按MCCID及各属性统计周 期内消费金额

- 可支持时间序列特征
- 最近三次消费商户是去母婴店、房产中介和妇产科医院的人是不是更可能近期办理汽车贷款？

图3 迁移学习和机器交互带来的全面优化能力

人工智能的另一个概念和实践也直接消融了隐性知识对竞争优势的影响。它就是VC维。VC维理论是由Vapnik和Chervonenkis于20世纪60年至90年代建立的统计学习理论，反映了函数集的学习能力。VC维越大，则模型或函数越复杂，学习能力就越强。举个例子，如果人类的智商水平可以用大脑的脑细胞数来衡量，那么机器的智商水平就可以用VC维来衡量，即超高智商的人工智能，需要超高维度的机器学习模型来实现。简单地讲，过去模型很难兼顾深和宽两个维度，数据特征的多元性、多样性越高，模型拟合度越低，可靠性越低。我们的研究已逐步突破这个二难悖论，提高了机器学习的模型维度。我们比喻VC维是人工智能的IQ，是机器智商。VC维对AI是很关键的。就好像判断一个生物聪明的程度，我们会说脑容量，人为什么比狗聪明，是人的脑容量比狗的大，狗比昆虫聪明，是狗的脑容量比昆虫的大。换到人工智能情境下，脑容量或智商用一个统计学概念来解释就叫作VC维。这个VC维甚至可以解释生物的脑容量。未来，我们可以把生物的脑容量和机器的脑容量做一个对比，形成一个统一的度量标准。在第四范式看来，未来所有的企业都是AI公司。公司A和公司B比谁厉害，用VC维衡量一下就得了。因此，隐性知识来评估动态竞争能力的方法将被VC维替代。

数据化信任允许"有限可靠性"

组织决策者并非永远是自利的机会主义者。这一命题是对交易过程成本理论的证伪和发展。研究非机会主义行为，维博克和他的合作者提出"有限可靠性"的概念，即人们违背诺言的原因可能不是出于机会主义的动机，可能有其他原因。"有限可靠性"帮助我们认识违约的另一面。它揭示交易中的非机会主义的现象。因为过去认知不足或环境条件变化，交易一方没有自私的欺诈行为，但确实无法按合约履行责任。

"有限可靠性"的概念一直没有被广泛实际操作，因为追溯决策者非机会主义行为的难度大。但是，人工智能和区块链技术让它越来越有现实意义。随着人工智能的记忆能力、计算能力和算法的提升，在区块链技术的支持下，过去难以追溯的非机会主义活动，已经可以量化解析。"有限可靠性"正在成为可以量化的实践。致远互联的"致远狗"（区块链机器人）就是一个实例。

按照交易成本理论，交易中不可靠的行为可能来自个体的机会主义（Opportunistic Behavior）。但维博克认为存在另外一种不可靠的行为，它不能用恶意的机会主义（Malevolent Opportunism）去解释。在下面的三种情况下，早先的承诺可能无法完全兑现。

优先排序改变（Reprioritization）。组织决策情境出现重大变化。组织必须立即调整方针政策，过去的承诺无法按计划兑现。例如，911之后，美国的外交承诺必须优先考虑反恐的目标。又如，2008年次贷危机发生后，华尔街银行拒绝兑现过去的资本往来承诺，以求自保。

过分的许诺（Over-commitment）。出于良好的主观意愿，决策者错误估计自己的能力、不合适地计算成本和收益，做出超过实际情况的承诺。例如，某些中国企业家讲义气，对于与朋友的交易时常做出过度的承诺。又如，受文化影响，在一些家庭式的传统组织中，人们看重的是高度承诺的态度。高度承诺时常沦为过度许诺。

身份失调引起的违约（Identity-based Discordance）。经济活动中，决策除了受经济成本收益影响外，还被深层的政治、文化、心理因素左右。心理身份认同是这些因素的集中表现。当身份认同改变或被干扰后，决策者可能会违背经济原则，遵守心理身份失调和再平衡的原则。例如，某些地区有凭借社区关系信用组织贷款的活动。当一方受到严重欺骗后，他们会回归在商言商的经济与法律原则，拒绝兑现过去基于身份或文化做出的承诺。

接受"有限可靠性"有潜在的价值和现实的意义。它允许和鼓励人们在不确定条件下的合作行为。如果人们看到非机会主义行为的连带责任是有限的，是可以区别划分的，人们更加愿意以合作的态度尽可能地做出贡献。但是，这个概念难以落地执行，因为追溯非机会主义行为的技术难度很高。

人工智能和区块链技术正在减少它的技术障碍。与国家电子政务仿真试验室合作，北京致远互联设计的"区块链机器人"（"致远狗"）就是一个运用的实例。他们的设计有下面的特征：区块链机器人借用"万物账本"追溯各种机器设备仪表数据，同样的逻辑和应用软件也可以追溯各个决策者的合作行为；区块链机器人建立在数据港和服务云的基础上，把服务和数据分离开；它实施端到端的连接，无需人的参与，直接按照设定的算法实施机器人交互；对决策者的行为互动结果，区块链机器人可以识别责任等级、范围和性质。它为"有限可靠性"提供软件和硬件的支持。

以企业在环境保护中的决策行为为例（见图4），企业端口的信息直接传到区块链机器人，政府对企业环保的要求可以量化到企业的生产和排放系统中。机器人自动监控企业环保表现。只要企业按照事前设定的合规行为去做，企业的责任就可以追溯。有了上面的设计，即使出现下面的情况，企业的环保责任也是可以厘清的：因为紧急或特殊情况变化，无法完全合规；因为环境中其他因素变化，如政策改变、其他企业造成污染等；因为探索性的企业活动而造成的污染，事先没有这类探索性活动排污的信息。通过区块链机器人，政府监管部门可以有效地识别哪些承诺已经兑现，哪些超过企业本身的能力，哪些是非机会主义行为造成的，如探索创新项目。企业也因此厘清自己对早先决策的有限责任。

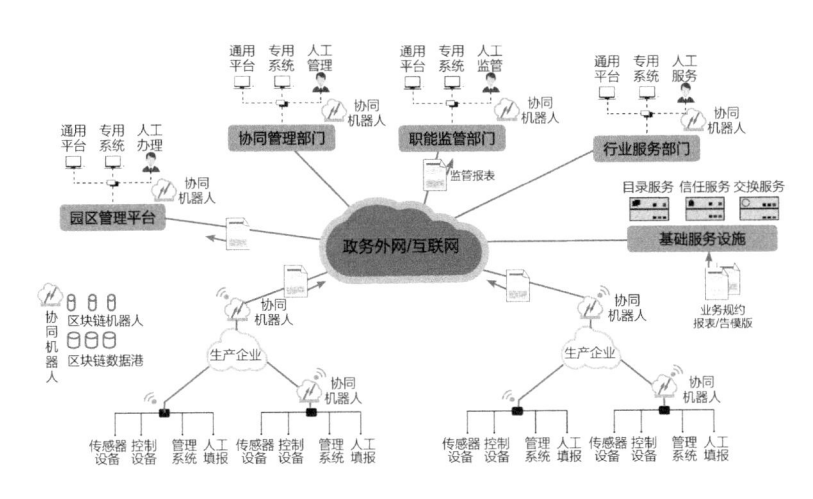

图4　区块链机器人赋能有限可靠性

管理决策四种新形态

针对决策者对外部环境变化认识特征,詹姆斯·马奇(James March)曾经提出有限理性下的两种决策形态:探索和利用。前者倾向于探索新市场、新产品、新方法和新流程。后者倾向于利用现有的市场、产品和方法收获效率回报。研究说明,人工智能影响下的管理决策可以有四种形态(见图5),它们丰富了马奇的二分法。

极限理性和有限可靠性下的管理决策形态

	Bounded Rationality 有限理性	Unbounded Rationality 极限理性
Bounded Reliability 有限可靠性	步步为营的探索 Exploratory Castrametation	渐确定性的实践 Approximation in exploration
Unbounded Reliability 无限责任	规避风险的利用 Risk Aversion & Exploitation	冒险先行 Chance-taking Exploration

图5　极限理性和有限可靠性影响下的管理决策

在有限理性和无限责任的情形中,规避风险和利用现有优势收割效率回报将主导管理者的决策。以携程的"亲子园"发生虐童案后的管理决策为例,因为没有"有限可靠性"的概念，管理者难以向社会说明自己的责任边界。为规避风险，决策者选择关闭"亲子园"，而非改善它。没有人工智能的支持，这种自保的决策形态较为普遍。

在"有限可靠性"已经建立，但仍然受制约于"有限理性"的情形下，步步为营的"探索"风格可能为主导性的决策形态。保险公司的决策和策略就是经典。在调查大项目保险产品时，我们发现大项目（如南水北调工程和卫星发射）具有小概率事件的特征。保险公司对它理解有限，因为对小概率事件的认知能力有限。但保险公司会采取风险分类、风险排序、风险认定等专业方法划定有限责任边界。在保险市场，"有限可靠性"的概念与实践已经成为通例，比较容易被容纳到交易双方的策略决策中。但是，在其他管理领域，有限可靠性还是一个新概念，还需要普及推广。

冒险先行是极限理性和无限责任下的决策形态。领先的独角兽企业常有这样的决策风格。研究发现：一方面，交易一方已经获得人工智能支持下的分析规划能力；另一方面，有限可靠性的概念还未被容纳到交易双方的共同理解中。这时，掌握极限分析规划能力的一方会积极开发新产品、新市场、新流程。而这种开发可能对另一方带来不公平的侵占，因此让这样的商业模式充满高风险。但在风险爆发之前，有能力的一方仍然执意冒险先行，因为他们只有利用先知先觉的机会窗口才能享有竞争优势。冒险先行决策形态的典型案例就是脸书（Facebook）和剑桥分析（Cambridge Analytic）合作，向政治选举提供大数据分析服务。结果，使用者被严重侵权，政府监管干预，剑桥分析宣布破产，大数据分析市场的游戏规则被彻底改变。

在有限可靠性和极限理性情形下，管理决策形态更加可能是渐确定性的实践。以"第四范式"为银行业开发的决策系统为例，在确立业务主题后，它可以无限扩大对决策质量的追求，在实践中逐渐完善。以"区块链机器人"为例，它能追溯合约参与者的历史承诺、贡献、活动和表现。因此，参与者摆脱了无限责任的压力，能够全力投入协同活动。在这样的情形下，管理者对决策不确定性的态度和策略也发生变化。他们认识到不确定性的存在，也认为不断提高确定性是值得追求的目标。没有人工智能和区块链技术，不确定性是难以突破的魔障。有了它们，管理决策主要是渐确定性的实践。

现阶段，上述的四种管理决策形态同时存在。未来，随着人工智能技术的发展和"有限可靠性"概念的普及，渐确定性实践将是管理决策的主旋律。

结论：关注极端不确定性

人工智能已经并且必将带来更多的管理决策新问题。它已经改变了有限理性这个决策前提，并让有限可靠性落实到执行层面。在极限理性和有限可靠性这两个新前提下，管理决策形态也从过去的两种倾向发展丰富为四种倾向。需要强调和重视的是人工智能隐含的极端不确定性的难题。它将如影随形，挑战新一代管理决策者。

极端不确定性（Radical Uncertainty），即常说的"无知的未知"（Unknown Unknowns）可能带来灭绝危机。极端不确定性经典案例之一便是6千万年前天外陨石造成的地球物种大灭绝。对人工智能隐藏的极端不确定危险，牛津大学的尼克·博斯特罗姆（Nick Bostrom）假设四种发展前景：AI为工具（Tool），AI为专业领域的专家系统（Oracle），AI为超人的任务执行者（Genie），AI为具备超级智慧的独立主体（Sovereign）。后两种情形，无论是超级执行者还是超级智慧主体，都可能给人类带来极端不确定性的危险。当我们看到极端不确定性可能带来灭绝危机时，一切将无法改变。如博斯特罗姆所言，较好的选择是平行思考超级智慧出现的可能性和对它的控制。

博斯特罗姆的研究表明，超级智慧诞生也许是一个百年的历程。可是，一旦越过意愿的门槛，即人工智能有了自我意识，它就会以人类意想不到的速度和方式获得决定性的战略优势（Strategic Decisive Advantages）。到那时，人可能被机器奴役，可能被超级智慧改写意识和潜意识，可能成为杂交的新认知物种，也可能世界大同、合作共存。几种情境中，人性被改造的可能性最高。

事实上，即便在弱人工智能阶段，它已经有了不可控的因子。深度学习中有"监控的学习"（Supervised Learning）和"无监控的学习"（Unsupervised Learning）。后者依靠人工智能的内部自我组织优化旧知识、制造新知识。所谓"人的最后一次创新"就是指创造出从此可以自我组织新知识的人工智能。在这一奇点之后,"控制"是一个过期的词语。如何与超级自由因子(Super Agent)合作共存便成为人类不得不做的选择。

2016年,地质气候学家认为,我们迈入"人类纪元"(Anthropocene),即人类的活动已经改变了地球基本自然条件,一切自然都是社会化的自然。试想一下,百年之后,超级智慧宣布进入无机智能纪元(AI Epoch),即有机生命皆已改造完毕,一切智慧由无机领先。这样的巨变人类可否承受?

2 区块链的边界

区块链是有边界的,其边界取决于"去信任化"所需要付出的成本与信任风险之间的大小对比。在这样的边界条件下,至少在很长的一段时间内,区块链应用的范围是十分有限的。在社会经济各个领域营造这种开放、对等的信息环境,即便是一种未来的方向,也需要漫长的历史进程。

——郭迅华 | 文

那台陈旧的台式电脑开足马力运转了三天三夜，挖出了我最初的一点比特币。我被这无政府主义者的奇思妙想激起的强烈好奇心得到了满足，同时也无法忍受呼呼作响的电脑风扇带动机箱震动所发出的巨大噪声，于是我关闭挖矿程序。那时的我完全没有意识到，生平最大的一次发财致富的机会，就这样与我擦肩而过了。

数年之后，比特币以波澜壮阔的涨跌吸引了全世界的目光。其身后的区块链技术随即走上前台，成为众人追捧的热点。许多人将区块链视为互联网之后的新一轮革命，宣称其将冲击和重塑各行各业。在诸多的媒体文章中，区块链被描绘为一种快速、安全、跨平台、低成本的交易环境，干净而彻底地解决了交易中的信任问题，从而为各种经济活动提供了一个高度可信赖的"价值网络"，在此基础上给经济社会各个领域带来颠覆性的创新。

在我看来，区块链技术无疑具有独特的魅力。然而，技术本身并不具有颠覆性，真正具有颠覆性的，是人们运用技术的方式。比特币所追求的不受任何个体控制的"对等"（Peer-to-peer）货币系统，具有颠覆性色彩。而区块链技术只是为对等货币系统这一颠覆性的理念，提供了可能的实现手段。除了货币之外的其他领域是否能够利用区块链技术实现颠覆性的创新，则取决于领域的具体特征，以及区块链的技术特性与这些特征之间的契合度。换言之，区块链并非一种普遍性的革新方案，其影响力的范围，受限于其自身的技术性质和领域的具体需求。

本质上说来，区块链的技术目标，是创造一种开放、对等的信息环境，使得参与者之间可以直接交易，无须依赖中介平台。在传统的中心化信息环境中，交易需要通过中介平台来完成。例如，支付交易需要银行或支付宝之类的支付中介，购物交易需要淘宝之类的买卖平台。之所以需要摆脱中介平台，是因为中介平台可能是不可靠的。交易者为了实现交易，必须信任中介平台。一旦中介平台出现问题（不论是技术故障、人为错误，还是欺诈），交易者就会蒙受损失。这种由于中介平台的可靠性问题带来的可能损失，可以称作"信任风险"。在区块链环境中，由于中介平台不复存在，这种对于中介平台的信任风险，也就可以被消除。

但需要指出，区块链所消除的，仅是交易者对于中介平台的信任风险，而绝不是许多人认为的那样，可以大幅度地降低"信任成本"，甚至是完全解决交易中的信任问题。首先，区块链只能消除交易者对于中介平台的信任风险，而不能消除交易者相互之间的信任风险。其次，区块链通过在交易环境中去除中介平台来消除信任风险，即通过"去中介化"来实现"去信任化"。而以这种方式实现"去信任化"，必然需要付出额外的成本。在许多情形下，这种成本可能是巨大的。

从这种意义上说来，"去信任化"所需要付出的成本与信任风险之间的大小对比，决定了区块链应用的边界。在这样的边界条件下，至少在很长的一段时间内，区块链应用的范围是十分有限的。在社会经济各个领域营造这种开放、对等的信息环境，即便是一种未来的方向，也需要漫长的历史进程。

区块链：不可篡改的账簿

区块链源于比特币。比特币的目标，在于建立一套开放、对等的货币系统。从信息技术的角度看，货币存在于交易之中，货币系统的实质是交易的记录，也就是账簿。一个可靠的货币系统，必须确保其交易账簿是不可篡改的。在以往的一切体系中，交易账簿由特定的人或机构维护。账簿的维护者具有修改账簿的能力，以其自身的信用和外部的监管担保账簿不被篡改，即在网络环境中，中介平台就是账簿的维护者。

区块链技术为比特币提供了一个开放、对等的账簿，不依赖于特定的维护者。为了确保交易能够被准确记录且账簿不可被篡改，区块链需要有大量的参与者，并且依赖于两个关键性的机制，即对等分布式存储和基于投票的共识。

所谓对等分布式存储机制，就是将整个交易账簿完整地保存在每一位参与者的计算机上。所有参与者所保存的交易账簿是完全相同的。每一笔交易，不论其发生在哪两位交易者之间，都会被传送给所有的参与者，从而被记录在每一位参与者的账簿上。在这样的情形下，中心化的账簿维护者不复存在，每一位参与者都是账簿的维护者。这样的账簿是开放的，每一位参与者都可以随时查阅账簿的内容；这样的账簿也是对等的，每一位参与者都拥有与其他人完全相同的信息。

对等分布式存储的一个潜在问题，在于不同的参与者所保存的账簿可能出现不一致。一方面，网络传输的延迟和中断，可能使不同的参与者接收到不同的交易信息；另一方面，试图进行欺诈的攻击者可能有意地发送虚假的或者篡改过的信息。这些情况都会导致区块链网络中一部分参与者所保存的账簿内容与其他人不一致。为了消除这种不一致现象，区块链使用了基于投票的共识机制，通过参与者的投票来决定哪一份账簿内容应该被接受。投票中胜出的账簿被所有参与者所保存，失败的则被舍弃。比特币区块链采用了一种被称为"工作量证明"（Proof-of-Work，PoW）的方式来实现账簿共识。"工作量证明"本质上是一种基于计算能力的投票，参与者的计算机通过计算烦琐的数学题来证明自己的计算能力，获得最多计算能力支持的账簿在投票中胜出。

在拥有大量独立参与者的条件下，对等分布式存储和基于投票的共识机制保证了区块链账簿的不可篡改性，使得网络中的任何单独的参与者，都无法对账簿随意修改。任何单独的参与者的账簿出现错误或者丢失，都不会影响整个体系的可靠性。换句话说，区块链账簿的不可篡改性依赖于三个要素：一是大量的独立参与者；二是对等存储；三是基于投票的共识。削弱其中任何一个要素，区块链账簿体系的可靠性都会被弱化。

"去信任化"及其代价

作为一种账簿系统，区块链的核心特征，是不再有中心化的账簿维护者。账簿保存在所有的参与者手中，攻击者对区块链账簿的恶意修改，会在投票机制中被否决。从而，交易的参与者不再面临对账簿维护者的信任风险，通过"去中介化"实现了"去信任化"。

但是，如果据此认为区块链大幅度地降低了交易成本，甚至干净彻底地解决了交易中的信任问题，则是谬以千里了。区块链仅是消除了交易者对中介平台的信任风险，而对解决交易者之间的相互信任问题，并没有实质性的作用。举例来说，一个基于区块链的二手车交易市场，能够摆脱对中心化的在线交易平台的依赖，从而平台的可靠性问题不会再对交易造成风险。区块链可以确保卖家发布在市场上的信息是由卖家自己发布的，且没有被篡改过，同时也可以确保该市场中所进行的交易被忠实地记录下来，并且不会再被更改。然而，区块链却无法确保卖家所发布的信息是真实准确的，无法核实卖家对车况的描述是否与实物相符。要实现交易，买家必须信任卖家。这种信任当然存在风险，而且这样的风险并不能被区块链消除。也许有人争辩，如果一辆汽车出厂后的所有交易、使用和维修信息都被记录在区块链中，那么这辆汽车出售时，卖家就可以轻而易举、全面准确地掌握该车的真实状况了。然而，我们如何保证生产商、销售商、用户、维修厂全都主动、及时、准确地把每一个环节的信息提交给区块链呢？区块链能够忠实地记录参与者提交给它的信息，但并不能主动采集信息，更不能确保信息与实物相匹配。要确保卖家所发布信息的真实性和准确性，关键性的挑战在于实时可靠的信息采集技术和严格的制度规范，这些都不是区块链能够解决的问题。与区块链相比，中心化的在线交易平台反而更具备主动采集并核实信息的能力和动力。一个高度可靠的中介平台，能够有效地降低交易者之间的信任风险,这样的作用是区块链难以具备的。

更值得注意的是,区块链以"去信任化"的方式来消除交易者对于中介平台的信任风险,其代价可能是巨大的。信任风险存在的原因,在于中介平台可能是不可靠的。区块链并不是通过提高中介平台的可靠性来降低信任风险,而是完全取消了中介平台。在区块链中,每位参与者都是账簿的维护者,且每位参与者都有可能试图篡改账簿。大量独立参与者、对等分布式存储、基于投票的共识这三个关键要素,确保了那些篡改账簿的企图能够被有效地阻止。区块链的一个基本假设是,每位参与者都是不可信任的。区块链实际上是一种"无信任"的环境。

在这种"无信任"的环境中,每个人都可能是坏人。要阻止坏人干坏事,只能依靠群体机制(对等分布式存储和基于投票的共识),并且这个群体要足够大。在"无信任"环境这种"最差情况"的基础上建立群体机制,必然需要付出成本。这种成本可以被称作"去信任化成本"。当讨论区块链是否能够降低交易成本时,"去信任化成本"不应该被忽视。在当前的区块链体系中,"去信任化成本"包括多个方面。

第一,对等分布式存储需要耗费大量的存储空间和网络流量。以比特币为例,到2018年初,一份完整的比特币账簿所占用的存储空间已经超过150GB(吉字节),且以每年数十吉字节的速度增长。全球数百万比特币用户的每一台计算机上,都需要保存这个大账簿的完整拷贝。此等规模的账簿仅承载了比特币每年3000万笔左右的交易量。对于一个交易支付系统而言,这样的交易量其实是微不足道的。相比之下,支付宝在

2017年11月11日这一天的交易量，就达到了14.8亿笔。如果比特币交易量快速增加，那么其账簿体量很快就会超出普通用户计算机的存储能力。为了解决这一问题，新的比特币客户端软件允许用户只保存账簿的摘要信息，而不保存完整的账簿。然而，如果大量参与者都不保存完整的账簿，那么对等存储分布式机制的作用就会被大幅削弱，区块链体系的可靠性也会被严重地降低。

第二，基于投票的共识机制需要耗费大量时间和计算资源，并制约交易确认的速度。仍以比特币为例，每一笔交易都需要被打包到区块当中，每一个区块都需要经过"工作量证明"投票才能得到确认，因而区块生成的速度严重限制了交易确认的速度，使得整个比特币网络只能支持每秒3~7笔的交易确认速度，这与支付宝每秒数千笔的交易速度相比，存在天壤之别。尽管后来的技术（如以太坊等）可以通过提升区块的规模上限、加快区块的生成速度等手段提升交易确认速度，但只要仍采用"工作量证明"这类基于计算能力的投票机制，那么为了保证该机制的有效性，必然需要足够的时间来完成投票过程。"工作量证明"投票机制耗费了巨大的计算资源。据估计，在当前的规模下，比特币网络的"工作量证明"运算每年大约需要耗电730亿千瓦·时，占全球总耗电量的0.33%，相当于670万个美国普通家庭的用电总量，超过数十个国家全国的用电总量。为了克服这些问题，新的区块链设计引入了"股权证明"（Proof-of-Stake，PoS）和"授权股权证明"（Delegated Proof-of-Stake，DPoS）等机制来取代"工作量证明"。然而，放弃了基于计算机能力的"工作量证明"投票机制,参与投票的用户计算机就不再具有对等性,拥有更多股权的少量用户在投票中能够具备更强的话语权,从而严重削弱了区块链的去中心化属性,降低了区块链体系的可靠性。

第三,无中心的结构使得区块链系统难以修改升级。区块链的账簿通过对等存储和投票机制来维护,因而对账簿规则的任何修改,只能通过投票机制来实现。仍以比特币为例。在运行了一段时间,影响力急剧扩大之后,比特币最初设计形式中的两个缺陷迅速暴露出来。第一个缺陷是区块大小上限设置过低(1MB),且区块生成速度设定过慢(每十分钟一个区块),这导致比特币的交易确认速度缓慢(每秒3.3~7笔交易)。区块大小上限和区块生成速度其实只是账簿结构中的两个参数,在最初的比特币软件实现过程中被人为地设定,所有参与者的计算机都采用了这两个参数值。只要能够调整这两个参数,交易确认的速度就能得到提升。然而,由于区块链系统的无中心结构,这两个参数难以被改变。在少量的参与者计算机中修改这两个参数,只能导致这些修改后的计算机所生成的账簿区块在投票中被否决。只有在超过50%的参与者计算机中修改这两个参数,新的参数值才能够在投票中胜出。这种软件更新的过程被称为"分叉"(Fork),其实现是极为艰难的。比特币最初设计形式中的第二个重要缺陷,是对比特币的总量设置了一个上限(大约2100万)。这一上限设置导致比特币具有通缩属性。通缩属性使得人们对比特币产生升值预期,从而倾向于持有而非使用比特币。这一致命的缺陷决定了比特币不可能成为一种真正的流通货币（在我看来，比特币已成为一种收藏品和投资品，其作为一种流通货币的实践已经失败）。与区块大小、区块生成速度相似，总量上限同样只是比特币系统中人为设置的一个参数，但这一参数无法通过软件的修改升级来进行调整。改变或取消总量上限的唯一途径，是放弃比特币，重新设计并推广新的网络货币系统。这样的问题绝不仅在比特币中存在，只要是具备大规模用户群体和完整的投票共识机制的区块链系统，都会面临部署后难以修改调整、难以升级的困境。

第四，"无信任"的环境取消了中介平台，导致一些原本可以由中介平台提供的交易服务无法实现。在前文讨论的二手车交易市场的例子中，如果存在中介平台，则该中介平台可以负责对卖家所发布的车辆信息进行评估和核实。在取消了中介平台的区块链市场中，买家只能自行考察车辆状况。对于大多数缺乏足够专业知识的买家而言，这一方式无疑是高成本的。这种服务的缺失，实质上增加了买家和卖家之间的信任风险，增加了交易成本。

由此可见，"去信任化成本"可能是巨大的。当讨论区块链是否能够降低交易成本时，"无信任成本"是不容忽视的。

边界："信任风险" vs. "去信任化成本"

信任能够降低交易成本，同时带来风险。如果信任所产生的收益（交易成本的降低）高于其所带来的风险，人们就会选择信任。我们选择信任银行、信任支付宝、信任微信钱包，因为信任这些机构可以帮助我们更快捷地实现支付交易、大幅度地降低交易成本。尽管这种信任存在着风险（银行可能出错，支付宝可能停机，微信钱包可能被篡改），但因为风险低于收益，我们仍然会选择信任。例如，当一名快递员把包裹交到顾客手中时，他很可能不要求顾客签字确认就转身离开。快递员选择信任顾客，因为这种信任能够为他节约时间，降低成本。尽管这种信任存在风险（顾客可能赖账），但因为风险低于收益，所以快递员仍然选择信任。信任以这样的形式创造价值。

区块链放弃了信任的价值，建立在不信任中介平台的基础上。区块链中的交易不依赖对中介平台的信任，从而消除了信任风险，但也不可避免地带来交易成本的上升。

当"去信任化成本"小于"信任风险"时，区块链应用具有业务价值；在"信任风险"小于"去信任化成本"的情境中，区块链并不适合。"去信任化成本"与"信任风险"之间的大小对比，决定了区块链应用价值的边界。

技术的发展可能降低区块链的"去信任化成本"，如缩小账簿数据存储量，提高交易确认速度，减少计算资源的耗费，提高区块链网络体系的可调整性等。但同时，技术的发展可能以多种不同的形式降低中心化体系的信任风险，如提高中介平台的数据透明性等。"去信任化成本"与"信任风险"之间的力量对比会随着时间的推移而动态地变化。但在可以预见的未来，区块链的适用场合始终是有限的。在那些"信任风险"显著低于"去信任化成本"的领域中，刻意地追求区块链的应用，不是一种明智的选择。

对于银行、电商平台等中介机构而言，区块链无助于强化其地位和作用。区块链是对现有交易体系的否定，而非发展。只要能够控制和降低信任风险，中心化体系的效率优势是区块链难以企及的。

结束语

区块链所追求的开放、对等的信息环境，的确与现有的中心化体系有着本质的不同。但区块链并不总是能有效地降低总交易成本。只有在"信任风险"高于"去信任化成本"的情境下，区块链才能有真正的用武之地。

近年来的区块链热潮，既有业务应用的积极探索，也不乏建立在似是而非的概念标签上的资本游戏。概念炒作和资本游戏在不远的将来即会退潮，业务应用仍需漫长的探索。推动区块链业务应用实质性发展的动力，将主要来自产业及社会信息环境的建设者和管理者，而不会是中心化的交易机构，也不是追逐商业利益的创业企业。

许多人将区块链与TCP/IP网络相类比。在我看来，区块链所致力于创造的新型信息环境组织形态，其作用和影响更类似于二十世纪八九十年代兴起的开源软件运动。开源软件经过三十余年的发展，重新定义了软件的价值，重塑了软件行业的生产形式，其思想理念辐射渗透诸多领域，催生了大量改变世界的创新。区块链或许具有同样深厚的潜在影响力，但很可能需要经过同样漫长的演化渗透，才能够真正地开花结果。

3 "万联网"与多智生态系统：未来商业模式与组织架构

"万联网"必定成为未来组织的生态基础，其技术功能超越今天的水电管网，社会功能超越目前的生产方式与生活方式，同时也是连接物与人、真实世界与虚拟世界的孪生界面，连同最新科技成果，共同塑造未来人类社会生产与生活的多智生态。为了迎接这一未来，我们应该在发展新兴技术的同时，高度重视"生态系统管理范式"——以"万物互联+多智共生"为两大维度，并包含生态商业模式与生态组织架构两大具体内容。

——李平 杨政银 胡华 ｜文

科学技术的进步深刻影响着人类生存的图景,这样的影响将会越来越深远,延展的范围和触及的深度可能远超我们现有的想象。毫无疑问,科技的力量也深刻改变着组织管理的形态。从大工业时代早期的福特模式,到大工业时代后期的丰田模式,再到互联网时代的电商模式,都是各自时代技术特点与相应管理思想的产物。技术进步与管理理念升级共同推动组织管理方式的演变,进而孕育新的商业模式与新的组织架构,正在实现庄子"齐物"的伟大理想——"天地与我并生,而万物与我为一"。

随着互联网、大数据、云计算、人工智能等信息技术的迅速发展,并开始规模化商用,同时向传统行业快速渗透融合,一场由数字化(Digitalization)、网络化、智能化所代表的产业生态变革,甚至社会生态演变正在孕育之中。这场以数字、网络和智能为关键词的重大变革必将塑造人类未来的生产方式和生活方式,颠覆组织管理的思想原则和实践模式。探讨未来商业模式与未来组织架构,以期对未来社会发展提供有效的理论指导,不但意义重大,也是管理学研究的职责使命所在。

跃迁新时代:迈向"万联网"为代表的多智时代

在华为2018年新年献辞中,华为轮值董事长胡厚崑宣布了华为"三十而立"的新蓝图:把数字世界带入每个人、每个家庭、每个组织,构建万物互联的智能世界。这一蓝图的勾勒,是华为对未来的展望——5G、物联网、云计算、人工智能等新兴技术迅速走向规模化商用，行业数字化转型正进入深水区，以"万物感知、万物互联、万物智能"为三大特征的智能社会即将来临。

在未来到来之前，人们对未来的预感大都是模糊不清的。当前，人们对"万联网"的理解与表述也面临类似的情形，因而我们将我们所理解和构想的"万联网"概念内涵做一个简要梳理与阐述。

"万联网"为何物

"万联网"（Internet of Everything, IoE）的概念起源于思科公司（Cisco），其被定义为"人类、流程、数据和事物的智能连接"。"万联网"拓展了"物联网"（Internet of Things, IoT）的概念。后者强调物与物之间的连通性，而前者不仅包括物与物、物与人的连接，还包括技术辅助条件下人与人的交互，是对更复杂且泛在连接系统的描述。换言之，"万联网"可以被视为更加广义的"物联网"，即"物联网"的增强版或2.0版。

当下，随着大数据、云计算、人工智能等新技术的不断发展，人类社会正快速从过去的固定（以电脑为核心）互联网时代及当前的移动（以手机为核心）互联网时代，向"物联网"时代，特别是"万联网"所代表的新时代跃迁，也就意味着一个"连接一切"的万物互联（包括人人相连的大社会个性化协同＋边缘计算）多智生态（多智既指人类智慧＋人工智能，也指人类智慧的个性多元化；既是产业生态，也是社会生态）呼之欲出。大数据、云计算、人工智能，以及区块链等新兴技术的发展与融合，共同构造了"万联网"，成为众多新科技的集大成者。"万联网"之所以超越互联网，甚至物联网，主要是因为前者不仅包括"物"，还包括"人"；不仅包括软件，还包括一切可以数字化、网络化、智能化的多元硬件，或称"网器"；不仅包括线上，还包括线下；不仅包括需求消费端，还包括供给生产端。连接一切物与人的媒介正是数字化数据，尤其是大数据，成为多智生态的基础。需要指出，大数据不是数据在数量维度的单纯多寡，而是特指数据在质量维度的复杂多元，即多种不同性质数据（如声音与图像数据）的搜集与处理。换言之，大数据具有大量（Volume）、高速（Velocity）、多样（Variety）、价值（Value）、真实（Veracity）的特点。

"万联网"在技术方面分为三个内涵层次：一是以硬件为基础、实现数字化的数据获取感知层；二是以硬件/软件兼顾为基础、实现数据互联化的数据传播网络层；三是以软件为基础、实现智能化的数据处理应用层。多元新兴技术在不同层次发挥不同作用，在数据化方面主要依靠硬件智能化技术（如传感器）；在互联化方面主要依靠物联网、区块链等技术完成；智能化方面则主要由大数据、云计算、边缘计算（算力为核心）和人工智能（算法为核心）等技术实现。由此可知，"物联网"是"万联网"的子系统。具体而言，"物联网"本身按性质可以划分两大类：一是需求侧的消费物联网，如可穿戴设备、智能硬件、智能家居、车联网、健康养老及智慧旅游等；二是供给侧的产业物联网，即物联网与工业、农业、能源等传统行业深度融合形成的行业物联网，是行业转型升级所需的基础设施和关键要素；还有可涵盖社会市政方面的公用物联网，包括城市立体化信息采集系统，智慧城市成为政务、市政基础设施及环保物联网应用的集成创新综合平台。

在我们看来，消费互联网与"工业互联网"（或物联网，甚至包括"工业4.0"）仅是"万联网"的一部分，它们是整体与部分的关系，需要将其区分开来。如果需求消费领域互联网的核心商业模式是B2C，而供给生产领域"工业互联网"的核心商业模式是B2B，"万联网"的核心商业模式则是将B2C与B2B有机融合起来，形成全新的B2B2C商业模式。因此，我们认为，"万联网"是传统工业和新型智能（多智融合）的有机融合，即原有工业革命中的机器、设施与新兴互联网革命中的信息、通信技术的深度融合，其实质就是现实世界（如实体硬件）与虚拟世界（如数字化孪生）的跨界融合。这也正是"万联网"涵盖并超越"物联网"的原因所在。因此，"万联网"之前的所有互联网范式均可采用平台概念（如双边或多边市场），而"万联网"才能也必须采用生态系统概念。

具体而言，"万联网"与消费互联网（B2C交易平台）和交易型产业互联网（B2B交易平台）的区别主要在以下四个方面。

（1）消费互联网，以及交易型产业互联网，是以软件与线上为主，主要提供交易平台，缺乏定制功能，因而缺乏构建多业态／跨业态生态系统的基础；而"万联网"善于整合硬件＋软件，以及线上＋线下，能有效地提供定制产品与服务，对构建多业态与跨业态意义上的生态系统最为有利。

（2）消费互联网，以及交易型产业互联网，主要获取简单的交易数据（因此不是真正的大数据），缺乏产品与服务的使用行为数据（这才是真正多元丰富的大数据），因而缺乏构建大数据与人工智能应用生态系统的基础；而"万联网"善于获取产品与服务的使用行为大数据，因此能有效地提供迭代创新的定制，对构建大数据与人工智能应用意义上的生态系统最为有利。

（3）消费互联网，以及交易型产业互联网，一般局限于B2C需求消费端市场或B2B供应生产端市场，缺乏拉通整合需求消费端与供应生产端的跨市场能力，因而缺乏将B2C与B2B融合构建综合性生态系统的基础；而"万联网"善于跨越需求消费端或供应生产端，实现B2B2C全价值链拉通整合，对构建B2C与B2B综合意义上的生态系统最为有利。

（4）消费互联网，以及交易型产业互联网，一般局限于单一行业，缺乏跨行业的能力，因而缺乏构建多行业／跨行业生态系统的基础；而"万联网"善于跨行业，对构建多行业／跨行业意义上的生态系统最为有利。

以上四点相互依赖，形成相互赋能的"四轮驱动"，（1）与（2）充当前轮，而（3）与（4）充当后轮，共同构建"万联网"独特四轮体系。这一点在阿里巴巴（主要是消费互联网或消费电商，以及交易型产业互联网或产业电商）与海尔（包括消费互联网、交易型产业互联网、物联网）的区别方面可以明显看出。

此外，"万联网"与"工业互联网"（包括"工业4.0"）以及"物联网"的区别主要体现在以下两个方面。

第一，生产领域"工业互联网"的核心商业模式是B2B，缺乏拉通整合消费端与供应端的跨市场能力，因而缺乏将B2C与B2B融合构建综合性生态系统的基础；"万联网"的核心商业模式则是将B2C与B2B有机融合起来，形成全新的B2B2C商业模式，因此，"万联网"善于构建综合性生态系统。

第二，类似消费互联网与交易型产业互联网，"工业互联网"一般局限于单一行业，缺乏跨行业的能力，因而缺乏构建多行业/跨行业生态系统的基础；"万联网"却是善于构建多行业/跨行业生态系统。

如果将消费互联网（B2C交易平台）与交易型产业互联网（B2B交易平台）视为互联网的1.0版（以交易信息为基础，解决信息不对称问题），"工业互联网"（包括"工业 4.0"）以及物联网可以被视为互联网的2.0版，或物联网1.0版（以资源匹配为基础，解决资源不对称问题）；"万联网"则可被视为互联网的3.0版，也可被视为物联网2.0版（以赋能为基础，解决能力不对称问题）。"万联网"之前所有互联网范式可用平台概念解释，而"万联网"则需要生态系统的概念来解释。以上为我们对"万联网"概念内涵的理解与构想。

多智赋能的阴阳平衡

如果说互联网（如以智能手机为终端的移动互联网）是连接虚拟世界的数字化网络，那么以"物联网"为基础的"万联网"则是连接物与人、虚拟与现实的孪生多智网络。此外，数字化数据是人工智能的基底。在大数据时代，样本就是全体，大数据与区块链技术可以防止偏差与伪造。"万联网"使得海量数据的收集、处理与应用成为可能，大数据的持续更新、变化与融合，可以通过人工智能自动地涌现超出人类认知能力的发现，进而帮助，甚至逐步替代人的某些决策，同时赋能人类专注机器无法替代的智慧型创新。

"万联网"汇集了人类、流程、数据和事物，使网络连接具有前所未有的全面而动态的价值与意义，新兴技术通过信息数字化，把虚拟世界和现实世界融合起来，形成一个以多智为主要特征的新兴时代，人类生存的生产方式与生活方式由此发生根本性改变。在"万联网"的多智时代，我们将拥有更丰富的大数据，更强的人机互动融合决策，因而可以建构高度灵活的个性定制化生产系统与消费系统。概括而言，在"万联网"时代，数字化、网络化与智能化的独特作用与意义最为凸显，共同构成现实与虚拟孪生的阴阳两极，以相生相克作为核心机制。

"万联网"的阴阳平衡独特性主要表现在以下三个方面。

第一，市场需求高度标准化的行业仅仅需要彼此分离的B2B与B2C商业模式，而市场需求非标准化程度高（需要多元定制）的行业则需要B2B与B2C两种商业模式的高度融合，因而需要"万联网"，这是"万联网"产生的市场导向前提条件。

第二，"万联网"要求升级的"端"与升级的"云"。升级后的高级"端"是指一切可以数字化、网络化、智能化的多元硬件，其核心作用就是获取大数据，与组织架构中的前台密切相关；升级后的高级"云"是指以人工智能（算法为其核心)为基础的大数据处理能力,其核心作用就是处理大数据,与组织架构中的中台密切相关。总之,"万联网"在"端"与"云"两大方面具有独特优势。

第三,曾鸣在2018年《智能商业》新书中将数据智能与网络协同两者视为智能商业的"双螺旋构成",作为阴阳两面;此外,赋能与平台也被视为一体两面,前者为目标方向,后者为手段机制。

管理新范式:面向VUCA的生态系统管理范式

虽然VUCA(Volatility/易变性,Uncertainty/不确定性,Complexity/复杂性和Ambiguity/模糊性)是20世纪90年代美军对当时军事环境描述的概念,但随着时代向智能化方向演进,我们愈发感受到所处的世界日益凸显VUCA的特征。针对VUCA所带来的独特风险与独特机会,在互联网及其他相关技术帮助下,组织管理中出现了去中心化、扁平化和项目化的浪潮,并诞生了一批引领管理变革的典型案例,如谷歌、海尔、小米和华为等。

应对VUCA是人类面临的永恒挑战,也是人类创新的不竭源泉。挑战来自两个方面:一方面,人类难于穷尽洞悉全部信息;另一方面,人类自身的认知能力始终有限。相应地,源泉也来自两个方面:一方面,信息不完整有助于想象空间的扩大;另一方面,有限理性倒逼悟性思维的使用机会,两者均利于创新,尤其是路径突破性探索式创新。万物多智时代为人类面对VUCA提供了新的管理范式，我们称之为"生态系统管理范式"，其中包括生态型商业模式与生态型组织架构。

万物互联+多智共生=生态系统管理范式

德国著名科学家、现代科学之父亚历山大·冯·洪堡（Alexander von Humboldt）开创了将自然视为生命之网的先河，最早将世界看作一个有机的整体进行解释。他说过："一切事物都相互作用，有往必有还"。这种认为万事万物均相互关联的观点，改变了他的世界观：如果事物都相互关联，那么在研究它们之间的异同时，不应失去整体观。庄子在战国时代提出"齐物论"，认为世间一切，包括人与物，本质都是相同的，没有根本差别，也没有绝对而固定的是非、美丑、善恶、贵贱之分，而且不断向其对立面转化。因此，庄子提倡"天地与我并生，而万物与我为一"的理想境界。

庄子与洪堡的观点，在万物多智时代似乎得到更大程度的实现。从互联网连接的虚拟世界，到"物联网"连接的现实世界，"万联网"把虚拟与现实、人与物均广泛、深刻地连接起来。一方面，前所未有的连接性把人与世界变成一个更加紧密的整体，连接在"万联网"中的任何一个物体、每一个人，都不再是分散的、抽象的存在，而是具有分散与聚合、抽象与实在的双重意义，并且连接的万事万物都彼此关联、相互依存，甚至相互转化。另一方面，多智融合将产生意想不到的涌现性，关联的事物通过多智融合的技术手段，将自动演化涌现超出人类智力的新发现、新发明或新技术。由此，万物多智时代的生态系统管理范式由万物互联与多智共生共同构建。

生态系统并不是一个新概念。早在1935年坦斯利（Tansley）就将生态系统定义为"一组有机元素相互作用，并与其非有机环境相互作用的系统"。摩尔（Moore）在1993年发表的文章与1996年出版的专著中延续了坦斯利的思想，认为生态系统是"商业世界的有机体"或社群，由一群相互依赖的企业在某一核心企业引领下共同构建互补能力与角色；他在2006年发表的文章中进一步阐述，"商业生态系统拥有共同愿景，由不同利益的参与者共建"，并进一步将生态系统描述为组织的第三种形式，是除了市场组织形式和层级组织形式之外的一种新型组织形式。他认为市场形式促进货物交易，层级结构有助于控制各项生产活动，生态系统则有助于协调创新活动。

我们对生态系统的定义在以上基础上进一步发展。将生态系统定义为"由相互依赖的一群企业组成的有机社群，在既多元又统一的长期愿景指导下，以既竞争又合作（即竞合）的共生机制构建彼此互补的能力与角色，最终获得既有短期利益又有长期利益的共生结果"。根据定义，生态系统是多样性与统一性、敏捷性与稳定性融合得最为完美的有机社群。这些特征在万物多智时代表现尤为突出，呈现出多样性（大规模定制化生产）与统一性（数据与算法的基础支撑平台），敏捷性（决策、执行的快速响应）与稳定性（功能模块的沉淀与赋能机制）之间达成高效有机融合的特点。一方面，多样性与统一性的高效有机融合概括了生态型商业模式；另一方面，敏捷性与稳定性的高效有机融合概括了生态型组织架构。需要指出，以上要素构成多个阴阳平衡体，如多元统一与竞合。特别值得注意，我们有关生态系统的定义注重生态系统的可持续性，尤其强调竞合共生机制所能产生的共生结果。因此，"万联网"时代的生态系统堪称"多智生态系统"，在诸多方面超越目前流行的平台理念与实践。

从广义智能视角来看，人类智能与人工智能（机器智能）的多智融合可能就是超级智能的形态，也正是人类智能与人工智能各自发展的高级阶段。这种超级形态和高级阶段与生态系统的内在联系表现为大社会个性化协同与软硬件互联的有机融合。一个有趣的比喻就是人类的右脑与左脑：大社会个性化协同、共同创新型的"群体"人类智能类似富有创新力的人类右脑，而软硬件互联、共同执行型"群体"人工智能类似富有执行力的人类左脑，两者之间的多元统一成为另一个阴阳平衡体系。

珀尔（Pór）于1991年将"群体智能"定义为"通过分化与集成、竞争与协作的创新机制，生物朝更高的秩序复杂性以及和谐方向演化的能力"。这也可视为阴阳平衡的具体体现。对比自然界个体，蜂群、蚁群或鸟群的群体智能远超个体智力。作为地球上最智慧的生物，如果人类能够通过某种技术和机制形成群体智能，那将是一种巨大的智慧能量。可以说"万联网"的诞生与发展，使得这个梦想或可最终实现。因此，超级智能包含人类智能和人工智能（机器智能）两大部分。一方面，人类通过大社交网络技术相互连接，使得数十亿的人类群体多元智力释放出难以想象的巨大智慧能量；另一方面，数量更为巨大的智能设备群体在人类推动下不断迭代，也将形成更为强大的人工智能（机器智能）。两者构成的阴阳平衡体内形成"你中有我，我中有你"的状态。总之，大社会个性化群体智能与万物智能化群体智能的有机融合可以形成最强的超级多元智能。这也是"万联网"与生态系统内在联系的另外一种存在形态——多智生态系统。

以下详细对比可以反映"万联网"与生态系统的内在关联。

第一，与消费互联网及交易型产业互联网不同，"万联网"善于整合硬件和软件，线上和线下，最能有效地提供定制产品与服务，对构建多业态/跨业态意义上的生态系统最为有利。

第二，与消费互联网及交易型产业互联网不同，"万联网"善于获取产品与服务的使用行为大数据，因此最能有效地提供迭代创新的定制，对构建大数据／人工智能应用意义上的生态系统最为有利。

第三，与消费互联网及交易型产业互联网不同，"万联网"善于跨越需求消费端或供应生产端，实现B2B2C全价值链拉通整合，对构建B2C与B2B综合意义上的生态系统最为有利。

第四，与消费互联网及交易型产业互联网不同，"万联网"善于跨行业，对构建多行业／跨行业意义上的生态系统最为有利。

此外，"万联网"与"工业互联网"或"物联网"的两大区别是进一步的补充。

第一，与生产领域"工业互联网"／"物联网"不同，"万联网"将B2C与B2B有机融合，形成全新的B2B2C商业模式，因此"万联网"善于构建综合性生态系统。

第二，与生产领域"工业互联网"/"物联网"不同，"万联网"需要并有能力构建多行业／跨行业价值网，因此"万联网"善于构建多行业／跨行业生态系统。

通过上述对比，我们可以发现，消费互联网与交易型产业互联网只是短期交易平台，其核心功能仅是解决信息不对称问题；"工业互联网"与"物联网"部分解决资源不对称问题，以及提供部分价值链的有限赋能；"万联网"则是一个长期交互平台，更是一个全面赋能生态系统。"万联网"用大数据、云计算，及智能网络技术将人类群体及无数智能终端（设备）连接起来，对其不断赋能，其长期交互和全面赋能的核心功能远远超越以前的短期交易、资源部分整合、有限赋能等功能。总之，"万联网"既是生态系统涌现的条件，又是生态系统所产生的结果。

多智赋能＋大社会个性化协同＝生态商业模式

曾鸣在他的《智能商业》中剖析了腾讯、阿里巴巴、谷歌、亚马逊和Facebook这5家世界级互联网企业的成长动因，提出"'网络协同+数据智能'双轮驱动帮助他们高速发展"的结论。他认为网络协同和数据智能是未来商业竞争必须拥有的双螺旋结构，是新商业的DNA，两者是阴阳平衡的一体两面。

曾鸣把数据智能视为未来商业的核心，未来商业的决策会越来越多地依赖于机器学习，依赖于人工智能，机器将取代人，在更多的商业决策中扮演关键角色，而且决策的效果远胜于人工运作的结果。数据智能的实现路径，就是业务的数据化、算法化和产品化。此外，网络协同是通过互联网完成分工、合作与协同。信息和人都联网在线，人与人、人与信息之间的交互越来越丰富，交织成越来越繁密的网络，以此实现"网络效应（Network Effect）"（即网络参加者越多，网络的使用价值越高）。"网络效应"是目前有关互联网、物联网、"万物网"文献中最为时兴的理论解释，但数据智能尚未得到充分重视，更不用谈两者的互动与融合。

我们认同曾鸣有关"'网络协同+数据智能'双轮驱动未来商业模式"的基本判断，并进一步发展丰富这一思路。我们认为，在消费需求侧为主的固定互联网与移动互联网时代，抓住并利用网络协同的公司就能在竞争中脱颖而出；在生产供给侧的物联网时代，数据智能的作用日益突出。那些能够迅速提升数据智能，并将其与网络协同融合的企业或行业，将最有可能迎来指数式增长。因此，我们认为，曾鸣的"网络协同+数据智能"思路应该变更先后次序，将数据智能提到网络协同之前。此外，"网络协同+数据智能"的内涵需要进一步拓展（包括边缘计算），成为大社会个性化协同与多智赋能。就目前物联网和人工智能等技术的发展阶段来看，生态商业模式的潜力还远未释放出来。我们大胆预测，生态商业模式的潜力只有在多智赋能与大社会个性化协同全面应用于大规模定制目标之时才能真正实现"万联网"时代的革命性爆发。

物向赋能+人向赋能=生态组织架构

"万联网"中的"物"(主要指软件技术与硬件设备"端")具有共同行为,即从物理世界提取大数据,也有共同特征,即软件和硬件结合;他们面临共同机会,即个性化与智能化的实时服务,也面对共同挑战,即连接性和安全性。洞穿这些共同特征,我们发现万物多智时代的"物"的本质就是"数据+算法"。数据代表人类认识这个新世界的认识论对象,而算法则表示人类改造这个新世界的方法论内涵。数据源于物联网提供的海量大数据,而算法则是依据数据分析获得的规律性发现进行决策,然后反作用于数据的各种应用服务,包括从消费端到生产端的各种应用软件,尤其是以人工智能为基础的软件。换言之,"万联网"中"物"的功能类似于人脑内部左脑的功能。然而,"万联网"还有"人"的要素,其功能类似于人脑内部右脑的功能。如果"万联网"中"物"的本质为"数据+算法","万联网"中"人"的本质可以被概括为人性中的"价值取向+创新冲动"。"万联网"中"物"与"人"的组合方式构成生态组织架构,其核心功能就是为生态组织各个构成部分提供有效的赋能服务,因此生态组织架构必须提供有关"物"之维度或方面的赋能,也要提供有关"人"之维度或方面的赋能;既要从"物"与"人"的来源方向产生赋能,又要往"物"与"人"的目标方向提供赋能。我们称前者为"物向赋能",称后者为"人向赋能"。

在"万联网"时代,"人"与"物"已互通互联融为一体,物我之间的界限与界面都开始变得模糊。这在智能方面得到长足的发展，即人类智能与人工智能（机器智能）之间的逐步深入融合，将会形成超级智能。因此，"万联网"中物向赋能与人向赋能两者如何融合是生态组织架构的核心问题。

企业新未来：生态商业模式与生态组织架构

"万物互联 + 多智共生"为我们描绘了未来生态系统的核心与主题。在此基础上，"多智赋能 + 大社会个性化协同"共同构成未来生态商业模式的基础或DNA，而"物向赋能 + 人向赋能"共同塑造未来生态组织架构的基础或DNA。以下我们分别具体阐述未来生态商业模式及未来生态组织架构。

未来生态商业模式：核心机制与辅助机制

正如我们前面预测的，生态商业模式的潜力只有在多智赋能与大社会个性化协同全面应用于大规模定制目标之时才能真正实现"万联网"时代的革命性爆发。因此，我们认为，未来生态商业模式的核心机制是"多智赋能 + 大社会个性化协同"基础上的大规模定制。具体而言，"万联网"时代的大规模定制具备两大独特功效。

首先，"万联网"时代的大规模定制导致消费者直接与供应商联系，跳过中间商（无论中间商是传统销售商，还是现代电商），因为中间商无法有效帮助大规模定制。消费者与供应商的直接联系取代了作为中间商的消费电商及产业电商。因此，我们完全没有必要担心未来电商可能颠覆或取代采用大规模定制模式的制造业；恰恰相反，我们需要担心未来制造业在大规模定制条件下可以颠覆或取代电商。目前关于平台型或生态型企业的讨论主要集中在互联网电商领域，极少谈及制造企业。我们认为，智能化制造企业比互联网电商更有潜力采用生态商业模式，而且价值更大，可持续性也更强。不言而喻，最佳模式可能就是类似苹果公司那样实现硬件与软件天衣无缝的有机融合。

其次，"万联网"时代的大规模定制可以有效地通过智能产品获取消费者的使用行为大数据，其数量与质量远远超过交易数据。具体而言，使用行为大数据具有潜力帮助产品创新迭代，因为它可以帮助产品设计人员深刻了解消费者的日常习惯行为，能够深入了解消费者的现有痛点，甚至未来潜在痛点。

除了大规模定制这一核心机制以外，生态商业模式还有其他两项辅助机制。

第一个辅助机制是跨界融合。跨界融合导致生态商业模式与传统商业模式不同。生态商业模式条件下的跨界融合包含两个维度：一是纵向跨界融合，即拉通产业价值链上下游，融合消费需求与生产供给，也就是整合B2C与B2B；二是横向跨界融合，即连通跨行业价值网络，也就是超越单一行业供应链或价值链，实现多行业整合。

第二个辅助机制是竞合机制。竞合机制导致生态商业模式与传统商业模式不同。竞合机制认同每一个人或每一家企业都有合情合理的自我利益或私利，同时也都有合情合理的共享利益或公利。一般而言，生态系统内部条件下合作大于竞争，而生态系统之间条件下竞争则大于合作；同样，企业内部条件下合作大于竞争，而企业之间条件下竞争大于合作。最后，交易成本（该成本随着交易数量与频率增加而上升）在竞争条件下趋向上升，而交易价值（该价值随着交易数量与频率增加而上升）在合作条件下趋向上升。

总之，以上一大核心机制与两大辅助机制，在诸多方面总体说明生态商业模式明显区别于平台商业模式，是未来的全新商业模式。下面我们以海尔的实践为例，具体说明生态商业模式与平台商业模式的重大区别。

海尔案例：海尔"三生"商业模式

面对"万联网"时代的来临，基于"人单合一"范式，海尔首创"三生"体系，即生态圈、生态收入、生态品牌三大维度。"三生"维度之间具有递进优化的逻辑关系：生态圈作为基础，承载获取用户需求与创造、迭代用户体验的任务；生态收入创造传统产品收入之外的生态收益，实现边际收益递增；生态圈与生态收入创造出的生态价值，成为一种长期可持续性的状态，最终形成生态品牌，每个生态攸关方在共同创造用户体验的过程中都实现自己的增值——通过搭建共创共享的生态圈，实现可持续的生态收入，最终便水到渠成地成为生态品牌。与电商交易平台不同，海尔"三生"体系是各方共创共赢的生态体系，实现了利益攸关各方共创共赢，在生态系统中能够实现增值分享，并根据用户需求不断发现并创造新的需求，迭代用户体验，不断产生新的"物种"（如新的服务领域及新的小微类型等）。

作为"人单合一"范式与"三生"体系的重要实践载体，海尔构建了COSMOPlat等"生态型平台"。COSMO是拉丁语，意为"宇宙"，可以衍生为"生态系统"之意；COSMOPlat是"智能制造云平台"的英文缩写（Cloud of Smart Manufacturing Operation Platform）。首先，COSMOPlat是海尔人单合一模式在制造领域的实践成果（人单合一模式被认为是继福特范式、丰田范式之后的第三种管理范式的新突破），是全球首家引入用户全流程参与体验的工业互联网平台，以大规模定制模式颠覆了传统的大规模制造模式，该平台以用户体验迭代为中心，而不是以产品迭代为中心，以用户需求、用户数据驱动企业生产经营，既包括B2B又有B2C，创造用户个性化体验，同时COSMOPlat打破企业传统的封闭生产体系，实现企业、用户、资源的共创共赢共享。COSMOPlat不是简单的机器换人、设备连接、交易撮合，其独特性可以简要概括为以下两个方面。

第一，高精度指引下的高效率，精准抓住用户需求，从为库存生产到每台产品都直达用户，构建全流程、全周期、全生态的新工业体系，深化供给侧结构性改革。

第二，就是在"大数据基础上的小数据"，不仅关注工业大数据和数据安全，更关注用户个性化需求的小数据，实现从大规模制造转型至大规模定制。

具体而言，COSMOPlat是实现用户全流程参与的"万联网"生态型平台，着力解决大规模定制转型问题，同时也是共创共赢的创业生态型平台,其特征体现为三"全",即全周期、全流程、全生态。

首先,全周期指在"万联网"生态型平台上,产品由电器变成"网器",获取了用户在产品全生命周期中的使用行为大数据,实现了从单纯地提供产品到提供美好生活的服务方案的转型升级。例如,针对洗涤、空气、厨房等各种生活场景,COSMOPlat提供多入口的定制服务,用户可以参与交互、设计、制造、交付等全过程,因此海尔生产线上的每一产品都是用户预订的。同时,产品实现智能化,海尔电器从普通的硬件产品转化为"万联网"智能产品,为用户提供整体智慧家庭解决方案,如馨厨冰箱,除了具备传统冰箱的功能之外,还具备"万联网"的智能功能,通过冰箱可以链接食品、菜谱、娱乐内容等生态资源,实现了菜谱查询、影音娱乐、电子商务、智慧管理食材、远程控制等基于"万联网"的智能功能,为用户提供一个健康安全的智慧厨房、美食生态。

其次,全流程是指"万联网"将低效的串联流程转变为以用户为中心的并联流程,从而解决大规模制造和个性化定制的矛盾,实现大规模制造到大规模定制的转型升级。COSMOPlat打通了交互定制、设计创新、精准营销、模块采购、智能生产、智慧物流、智慧服务等7大环节,以用户数据驱动全流程,通过互联工厂实现大规模制造与个性化定制的融合,解决成本和效率的问题。用户只需登录海尔定制平台提出定制需求,订单信息就会立刻到达互联工厂,工厂的智能制造系统随即自动排产,将信息传递到各条生产线,以最短的时间定制出用户专属的个性化家电产品。

最后,全生态是指COSMOPlat不是一个封闭的体系,而是一个开放的生态型平台。平台上的每家企业、每个资源方和用户都可以在此平台上共创共赢共享。COSMOPlat是开放的资源生态,更是共创共赢共享的创业平台。围绕用户生活场景需求,COSMOPlat能够开放整合全球一流资源和创客,共同满足用户需求,实现资源价值最大化,用户、企业、员工、供应商等攸关方共创共享。目前,COSMOPlat已聚集3.3亿+用户和390万+资源,服务全球4.2万家企业。

作为开放共赢的生态型平台,COSMOPlat不仅支持了海尔产业转型和服务创新,也实现了对外赋能中小企业转型升级。COSMOPlat输出了以上7大板块的对外服务,为中小企业提供全流程的、个性化的转型升级方案,帮助企业数字化、智能化升级,降低企业成本,提质增效。目前,在COSMOPlat基础上,海尔已打造全球领先的11大互联工厂,平台整体产品不入库率达到71%。在跨行业、跨领域生态赋能方面,海尔已经构建了衣联网、食联网、农业、房车、建陶等15个产业新生态,让中小企业进生态、用生态,成为中小企业新旧动能转换的载体,转型升级的加速器。例如,依托COSMOPlat,淄博建陶产业园可实现企业成本降低7%~10%,产能提升20%;威海房车企业实现订单增幅67%,综合采购成本降低7.3%;在农业领域,COSMOPlat可以实现农产品全流程物联溯源,在2018年蒜农普遍亏损的情况下,COSMOPlat帮助山东金乡蒜农的大蒜卖价提升25%。

总之，依托"三生"体系（生态圈、生态收入、生态品牌），海尔已初步建立不断壮大的生态品牌（如衣联网、食联网、血液网等），为商业模式创新提供鲜活的案例。不容否认，海尔的生态商业模式还在探索阶段，或许还有不尽如人意之处。

未来生态组织架构：三台组织架构

目前有关未来生态组织架构的研究不多，而且观点分散。仅有的一些文献大多将未来生态组织架构视为原有网络组织形态（Network Form）的一个简单变种，并且认为其具有两个主要独特之处。一是以平台概念为核心机制（包括平台主与平台成员的互动关系）；二是以网络效应为平台机制的深层机制（例如，双边或多边平台产生与发展的基础就是网络效应）。不过，我们并不认同以上观点。

传统组织形态一共有三种：一是最为传统的市场组织形态（Market Form），二是随后出现的科层组织形态（Hierarchy Form），三是近期涌现的网络组织形态。市场组织形态以市场价格作为管控机制；科层组织形态以科层权威作为管控机制；网络组织形态以人际信任作为管控机制（但更多依赖超越他人管控的自我管控与激励的独特机制）。我们认为，平台可能成为第四个新的组织形态，可被称为"平台组织形态（Platform Form）"。与前三个已有组织形态不同，平台组织形态不是单纯组织形态，而是混合型组织形态，由具备科层组织形态的平台主（常常由少数或个别垄断性大型企业充当），以及具备市场组织形态的平台成员（常常由多数附属性小型企业构成）共同组成，并且进一步加入网络效应这一深层机制。

所有组织形态具体划分维度与类别请见表1。

表1　组织形态的划分维度与类别

	独立性／封闭性／统一性	相互依赖性／开发性／多元性
中心化／集权化管控	科层组织形态	平台组织形态（高网络效应）
分散化／分权化管控	市场组织形态	网络组织形态（低网络效应）

我们预测，未来生态组织架构最有可能是表1中四类组织形态的有机组合，既包括市场组织形态与科层组织形态，也包括网络组织形态与平台组织形态。这一思路与我们的三台组织架构高度一致。具体而言，三台组织架构中的前台与市场组织形态高度一致；三台组织架构中的中台与平台组织形态（以科层组织形态为主，而以市场组织形态为辅）高度一致；三台组织架构中的后台与网络组织形态高度一致。在万物多智时代，生态型组织的前台能够提供多元定制生产与服务，而这种多元定制需要一个统一稳定的中台，以此提供大规模生产与服务所需要的标准化、工具化赋能。换言之，生态商业模式所要求的产品与服务规模化与定制化需要生态型组织的前台与中台共同完成，以此形成多元统一的生态系统。多元是生态系统面临的客户需求高度多元，因此要求生态企业具备多元性；统一则指生态系统成员组织的总体愿景和价值观统一、整体利益统一，而

且具备高效率的标准化方面的统一。

此外,与多元性及统一性密切相关,未来生态组织架构还需兼具柔韧性和适应性,以及稳定性与持续性。柔韧性是组织的弹性和伸展能力,尤指各组织单元衔接处在联动方面的韧劲和张力;适应性则指组织在各种环境条件下均能及时适时自我调节,从而更好适应内外环境变化的能力。柔韧性和适应性共同构成了组织的敏捷性,而多元性有助于敏捷性,这可以用水的特征作为比喻,主要体现在三台组织架构中的前台。稳定性则指组织沉淀已有经验与能力的能力,是组织抗击打、承受风险的基础;持续性则表示组织持续成长的活力与动力。稳定性和持续性共同构成组织的长久性,而统一性有助于长久性,这可以用山的特征作为比喻,主要体现在三台组织架构中的中台。三台组织架构中的后台主要功能表现为前台与中台的来源与基础,即前台的源头活水与中台的基石沃土,可用承接山水的大地为比喻。总之,"三台"共同构成未来生态体系的组织架构。与此同时,生态型组织内部各部门之间,以及组织内外之间的边界将逐渐消融,因此开放性是未来生态组织的前提条件,但其开放程度需要依据三台具体角色而定(前台开放度最高,中台最低,而后台居中)。

早在2015年,阿里巴巴就进行"小前台、大中台"的组织架构调整,成为最早提出"中台战略"的公司。随后,中台的概念得到更多企业的认可和实践,着力构建生态型组织及中台架构的实践案例日益增多。2017年底,京东搭建了京东商城中台研发体系和京东开放平台中台系统;万科数字化转型的"沃土计划"中打造数据中台和服务中台作为个性化服务的基础。腾讯创办人、腾讯前高级副总裁张志东在一次讲话中提到"中台建设滞后是腾讯在云时代发展的一大障碍",这可能是腾讯进行其历史上第三次组织架构大调整的重要原因之一;温氏集团通过"农户+公司"平台模式把分散在全国各地56000多家农场连在一起;华为打造外在的生态优势,把企业的资源社会化,社会的资源组织化,以"平台+社区+跨团队"的项目制,形成"纵向+横向+网状"的三维组织结构;最后还有全力打造生态系统的小米与海尔。

在这些向生态型组织转型的案例中,组织中台的建构成为重中之重。由于三台组织架构中的前台与中台注重目前及短期性多元与统一的阴阳平衡,敏捷性与长久性的阴阳平衡,以及开放与封闭的阴阳平衡,我们需要一个后台为前台与中台提供未来及长期性各种阴阳平衡。曾鸣曾提出"S2B2C模式"的组织模式,该模式与"大中台"(即S2B)+"小前台"(即B2C)大体一致。不过,他没有提到组织的后台。传统企业组织架构也有类似"前中后"三台的功能或任务区别,即高层、中层与基层三层。不过传统的"前中后"三台是高度一体化的层级控制组织,远远无法实现"前中后"三台架构的多元统一的自组织与他组织的平衡。因此,我们需要明确指出,生态组织需要具备有关未来市场发展趋势的前瞻性,以及有关未来科技发展趋势的前瞻性,同时需要发展与传承企业文化,以及持续培育未来领导。这些都是后台所要发挥的"灯塔指引"的重大功能。

生态型组织架构的三台就像三个运转速度不同的齿轮，前台运转最快，后台最慢，中台就是衔接并调节前台与后台两者速度的枢纽。具体而言，作为中枢的中台承接企业"经营前台"（眼前短期导向的研发、销售、品牌和市场等）和"保障后台"（未来长期导向的基础研究、未来市场培育、长期战略设计、组织与文化建设等）的组织功能模块集成起来的角色，成为整个组织的数据交汇中心、业务整合中心、资源汇集中心和命令协调中心。然而，如何设计前台、中台与后台三方衔接与转换的互动界面依然是没有明确答案的最大挑战课题，例如，前台具体定制业务与中台普适标准能力之间的对接，前台／中台短期导向与后台的长期导向之间的对接，以及后台理论假设与前台实践试错之间的对接，值得今后深入研究。

通过对美军最新作战模式与中国企业最新尝试的总结，我们看到未来三台组织架构的主题就是将组织功能从管控转为赋能，因此组织的最大价值在于为其成员提供最大成长空间。换言之，生态组织需要成为让庄稼茁壮成长的"黑土地"。这种赋能包括前述的物向赋能与人向赋能，两者的融合成为生态组织架构的核心问题。

海尔案例：海尔生态组织雏形

与上述三台组织架构大体方向一致，海尔正在努力打造新的以孵化养育平台为核心的生态系统。首先，海尔在构建前台方面的具体措施就是全面推广灵活机动的小微企业，既鼓励内部创业，也欢迎外部创业者加入海尔生态系统，借此实现"人人成为自己的CEO"之梦想。这是海尔"人单合一"战略的具体落地。在组织上，海尔把科层制颠覆为网络化组织，把用人权、薪酬权、分配权让渡给小微，使其成为创新与创业最前台的基本单元，而员工由被动执行者转为围绕用户需求"自创业、自组织、自驱动"的创客，用户成为小微与创客的"领导"。在薪酬上，海尔把企业定薪变为用户付薪，创客根据创造的用户价值分享相应的价值。这种基于价值创造的薪酬机制也从根本上保障了创客的创新激情。

为了有效支持前台运作，海尔建立了承担中台职能的三大赋能平台：COSMOPlat生态平台为基础的制造平台（还扩展加入了创业平台，包括社会化的创业平台海创汇和美国GEA创造的First-Build平台）；以线上店、线下店、微店三店合一的"大顺逛"为基础的社群交互平台；以8个子平台（包括财务共享、人力共享、DTS、海尔大学、全球税务、商业法律、诉讼及反舞弊、内控内审等原职能部门转型成为8个共享赋能服务板块）为基础的大共享服务平台，将管控转变为服务，驱动小微前台持续涌现，为小微前台成长提供赋能，让所有小微前台在大共享服务平台上按照统一流程、统一标准高效率运营。

以财务共享子平台为例。海尔财务共享模式是建立在集团战略创新的基础上，按照"人单合一双赢"范式需求，实践"规划未来、引领双赢"的财务战略定位，遵照"集中的更集中、分散的更分散"原则，统一规划实施的财务共享服务模式。海尔财务共享服务中心依托信息系统平台，以财务业务标准处理流程为基础，以优化组织结构、规范业务流程为实施手段，以建设统一的核算管理平台为标志，以价值创造能力和核心竞争力提升为主要关注方向，通过持续的建设和优化，提升财务管理效率，加强财务信息质量控制，有效降低财务风险，优化集团运营成本。

目前，海尔财务分为专业财务、共享财务和业务财务3类角色。专业财务聚焦于各类财务模型的建立，通过建流程、立标准驱动业务，并利用税务、预算等专业知识创造知识；共享财务涉及传统财务全部内容，包括税务审核、资金支付、资金管理、总账报表、税务申报所有的会计管理；业务财务是融入小微前台终端的财务专业人士，是驱动业务发展和构筑行业领导地位的战略伙伴。小微前台终端没有会计、账户、现金（三无），这确保了各个小微前台运营环境的公平公开公正，促使小微前台轻资产专注核心业务。"集中的更集中，分散的更分散"原则的目标在于实现从事后算账转型到事前算赢。原来的财务模式各自为政，都分布在各业务单元里，现在就把交易处理的这条线转变为通过财务平台提供共享服务，一个标准、一个流程、一个系统平台、一个组织，为小微前台提供标准化与模块化服务。目前海尔财务共享平台包括费用稽核、总账政策、往来清账、资金管理、社群交互等14个服务模块，建立了集团120多个云到端的业务流程，为旗下1000多家法人公司提供全球财务共享服务。

再以E-hr信息化平台为例。海尔按单聚散人力资源体系的独特运营需要强大的信息化系统保障，对原HR信息化平台提出更大的挑战；小微前台的运营需要公开透明；小微前台负责人进行运营决策时，需要数据分析做依据、支持；另外，在海尔孵化养育平台上孵化出来的创业小微前台，对HR运营流程及管理体系提出更为高效、简捷、个性化的需求。基于以上用户需求，海尔集团搭建了一个模块化、灵活、流程可以自由组合的E-hr信息化平台，该平台包含平台型组织管理、人才的按单聚散、薪酬体系管理、共享服务（劳动合同、五险一金、年金）等。同时，E-hr信息化平台还为小微前台提供各种增值服务如人才雷达，支持小微前台全网搜索、评估、分析人才等。HR大数据增值平台，通过对数据深度挖掘分析、可视化，为小微前台负责人决策提供数据支持，为小微前台员工提供各类自主服务（查看个人信息、绩效、薪酬数据显示，快捷的全方位信息化服务等），也为HR人员提供全方位数据分析与解决方案。

此外，从海尔物联网生态转型实践来看，海尔在后台构建方面也做出了积极的探索和布局。目前海尔已建设有关基础研发、模式研究、战略规划、文化建设等后台功能单元/平台，这些单元/平台可以开放整合外部技术、知识等资源，成为智库生态，持续为企业未来发展提供动力。与此同时，海尔后台建设还需进一步完善，如后台功能单元分散，缺乏整合。我们可以设想将海尔大学从目前位于中台的共享服务平台中抽出来，转型升级成为后台的一部分，并与其他部门整合，共同构建一个集大学、战略智库等部门于一身的统一后台，负责提供基础研发、模式研究、战略规划、文化建设、领导力培育等后台功能。此外，海尔中台还需进一步发展。例如，海尔中台目前的三大赋能平台可以进一步整合升级，最终形成高度统一的中台中枢。

结语：寻求超越并走在世界前列

"万联网"必定成为未来组织的生态基础，其技术功能超越今天的水电管网，其社会功能超越目前的生产方式与生活方式，同时也是连接物与人、真实世界与虚拟世界的孪生界面，连同大数据、云计算、边缘计算、人工智能，以及5G、区块链，还有新材料、未来生物等最新科技成果，共同塑造未来人类社会的生产与生活的多智生态，实现庄子"齐物"的伟大理想。例如，边缘计算与前台组织以及智能硬件具有内在联系。为了迎接这一未来，我们应该在发展新兴技术的同时，高度重视未来生态系统管理范式——以"万物互联＋多智共生"为两大维度，并包含生态商业模式与生态组织架构两大具体内容。

在"万联网"的多智时代，VUCA要求组织管理日益关注"物"与"人"的阴阳平衡，尤其需要更多关注"人"本身，包括主观能动性、自我驱动、价值取向、创造性、情绪动机、道德伦理等。"万物负阴而抱阳"，在新技术变革推动新商业文明的演变与形成过程中，对于作为新商业文明主体的人类，从人性层面提出了更多、更高的要求。从这个意义上说，新商业文明"始于技术，终于信仰，因为相信，所以看见"。未来，已在面前。生态系统管理范式正是新商业文明的具体体现，其中生态商业模式以"多智赋能＋大社会个性化协同"为核心内容，而生态组织架构则以"物向赋能＋人向赋能"为核心内容。这种管理范式可以保持生态系统生生不息。

最后，借用海尔张瑞敏的原话结束本文："老子的《道德经》有一句话'大制不割'，意思就是说，所有的机制是一个系统，是完整的，不能把它割得七零八碎，不能切割开，否则，看不到整体、总的面貌。我觉得这是中西文化最大的不同。中国的系统论文化对中国企业今天适应物联网时代非常有帮助。我非常希望利用中国两千五百多年以前的传统智慧、哲学思想，使我们今天在物联网时代、在管理模式上超越并且走在世界的前列！"

4 数字经济时代的生态系统战略：一个ECO框架

在数字经济时代，价值创造通常是价值共创。产业的概念逐渐模糊。企业间一对一的竞争和较量逐渐让位于企业群组间的对垒和交锋。最为典型的现象便是企业间的生态系统。本文详细探讨生态系统的构建特质、价值共创与组织治理。生态系统既是一种思维模式也是一种实际现象，它是基于核心企业的意图和设想构建出来的一种独特存在，介于环境与企业之间，兼具市场和组织的双重特性。生态系统战略，便是要通过参与成员在既定的治理机制和规范的引领下共同演进和共同专业化，从而共同创造价值。

——马浩 侯宏 刘昶 | 文

忽如一夜春风来，价值共创舞翩跹。数字经济时代，似乎再谈战略角力、争奇斗艳及传统意义上的你死我活、死缠烂打已然明日黄花、过眼烟云。如何采用新的商业模式、平台战略和生态系统创造全新的价值才是最为真实和最为可靠的商业实践。现实催生观念，观念改变现实。无论你是否愿意承认，如今的语境和观念变了，不管真实的世界是否发生了根本改变。人们的语境和观念改变之后，直接影响的便是行为。与以往的关注竞争优势和最终盈利大不相同，大家现在关注的是价值创造和价值捕获，或者说是如何与合作伙伴、互补者进行价值共创。欢迎来到价值共创的生态系统时代。

价值共创，以核心企业所构建的生态系统为基本分析单元，同时涉及自己生态系统内的多方选手（供应商、分销商、合作伙伴和互补产品与服务替代者）。此时的竞争，不再是企业间一对一的竞争，而是一组企业对另外一组企业的竞争，一个群体对另外一个群体的竞争，也就是一个生态系统对另外一个生态系统的竞争，参照系是其他的生态系统。其主要战略目标是通过自己的生态系统内的互补与协作实现自己的价值创造意图，即不断增长和扩张，从而达到持久领先与盈利。同时，这种思维模式往往把终端消费者作为生态系统中不可或缺的一部分，把消费者当成共同创造价值的合作者或生产者。比如，消费者可以通过贡献自己消费习惯的数据来帮助相关企业和生态系统为其提供更加精准有效的服务。显然，这种思维模式强调的是价值共创。当然，生态系统的主导企业，作为核心物种，自然是最大的受益者。从这个意义上讲，生态系统并不是不关注价值的获取或者价值在不同参与者之间的分配，而是更加强调价值的共同创造而已，尤其是通过生态系统中多方选手的同时互补与合作来共创价值。

生态系统：一个ECO分析框架

业务生态系统是由核心企业所构想、创立和管理的，由多方合作伙伴参与的价值创造体系。大家在共同认可的治理机制下互动合作。其主要目标是不断增长和扩张。生态系统战略，特指某个核心企业通过构建其生态系统与多方合作伙伴共创价值，并促成其不断增长与扩张。下面，我们通过一个简要的分析框架ECO来阐释企业生态系统的构成与动态，以及相应的生态系统战略。ECO框架包括"构建出来的存在"（Enacted Entity），"价值共创的互动体系"（Co-creation of Value）和"治理机制"（Organizing Mechanisms）三个方面（见表1）。

表1 生态系统战略：一个ECO分析框架

构建存在 Enacted Entity	生态系统既是一种思维模式，也是一种实际现象。它是依照核心企业的意图与设想构建出来的一种存在，介于环境和企业之间，兼具市场和组织的双重属性。生态系统是结果，更是过程，将之设想为一个多重过程，即可从中发现催化其演进的多样策略

续表

价值共创 Co-creation of Value	生态系统的参与成员包括核心企业及其上下游企业、合作伙伴和第三方互补者等。大家共享有关价值创造的一个广泛的愿景，或某个具体的价值主张，并通过共同演进、共同专业化，从而共同创造价值
治理机制 Organizing Mechanisms	生态治理是战略成功实施的关键保障，包括三个要素：其一为边界，决定生态如何嵌入环境、基础设施如何支撑生态；其二为成员，其资格的开放性、正规性、紧密性和排他性，决定了生态的参与度；其三为权力，其分层、共享与让渡，决定了生态的控制力与活力

生态系统：思维模式与实际现象

在商务语言体系中，大家如今常用的所谓生态系统（Ecosystem），是按照某种思维模式构建出来的存在。所谓构建（Enactment），意指生态系统是按照某种理念和设想所创设、建立和呈现出来的东西。它既有想象和演绎的成分，亦是一种实际的现象和存在。比如，大家常说的家族或者帮派，有远有近，有大有小。实际的界定和存在反映的是具体的理念和设想。有时候，近亲也不被当作自家人，通常视而不见。有时候，远亲倒可以走得很近，甚至被纳入核心圈内。也就是说，生态系统是按照某种意图和理念想象出来的存在。这种意图和理念，通常反映在某种价值创造的远见与愿景上，或者某种具体的价值主张上。

作为一种构建出来的存在，生态系统既是一种思维模式（Mental Model），又是一种实际现象。既然是基于某种思维模式所构建出来的存在，就会在某些地方有别于那些天然的存在。例如，任何一个自然的生态系统内，都会有生产者、消费者和分解者，三者之间主要是食物链的关系。而企业生态系统中的参与者之间主要是交换关系。而且，企业生态系统中的主要参与者，往往都与核心企业存在合作或者互补关系，即大家通常认为的属于某某系的。显然，这种理解上的生态系统是不包括天敌的。这是有选择的感知与构建，是一种根据选择性的感知与设想而构建出来的存在。

设想下面这种情境。假设你在某所大学读书，四年下来，你会发现校园里的很多区域和路径你不曾涉足，宿舍、食堂、教室、图书馆和运动场才是每日你必去之地。对你来说，虽然整个校园是一个常规意义上的自然生态系统，你自己所能够想象到的和实际生存于其中的那个生态系统，是由那些你每天打交道的人和活动的地方构成的。这种意义上的生态系统，就是你自己所构建出来的存在，是你自己从大环境中"抠出来"的一个部分，一个属于你自己的、被你占据过的、跟你直接相关的"亲触环境"，或曰"私有环境"。这个生态系统乃是你足迹所至的汇聚总合及日常活动的整体叠加。

企业也是一样，其生态系统，是它从常规意义上的环境中自己抠出来的，是自己构建和营造出来的一种存在。对于核心企业而言，该生态系统中的参与者是根据其自身的战略意图和价值偏好遴选出来的。不仅如此，这些参与者都在某种程度上与核心企业有所共识，包括价值创造方面的愿景、治理机制与准则等。

生态系统：既是环境，亦是组织

上述对生态系统的界定和解读，主要是从核心企业的环境方面来考量的。其实，与战略联盟和企业合作网络相似，生态系统属于介于企业和环境之间的某种制度性安排，即文献中常说的"介于外部市场和企业内部阶层体系之间"（Between Markets and Hierarchies）。如此，一方面，它既不是完全外在的市场，也并不真正属于企业组织的内部；另一方面，它既有外在市场环境的特点，又同时具有一定的组织特点。也就是说，这种构建出来的存在，不仅可以看作企业的"私有环境"，而且可以被宽泛地解读为一种组织形式。

虽然作为独立实体和法人的各方参与者并不受制于核心企业的直接管辖，但它们之间毕竟有足够重复固定的交往互动，并承诺遵守某种相关的章程与约定，而且参与者认可和接受核心企业在大家共享的生态系统中的主导作用。从这个意义上讲，核心企业的生态系统可以被认为是其自身组织的一种延展，是一个广义的组织。这也符合大家常说的"某某系"大家庭的概念。

概而言之，企业生态系统乃是由某个核心企业与合作伙伴共同构建的一种特定的环境，是一种跨越组织的组织。大家在某种共享的价值创造愿景下互补互动、共创价值。

生态系统：既是结果，更是过程

生态系统，作为构建出来的存在，其关键不在于它是什么，而在于它可以成为什么。所以，对于生态，更有意义的关注点，不是它作为名词的实体，而是它作为动词的过程。在实践上，生态构建不是一个基于因果的"发现的过程"，而是一个基于效果的"塑造的过程"。

当然，生态并非可以任意拿捏的橡皮泥。在生态构建中，一方面需要合乎逻辑的设想来引导，一方面需要恰到好处的技术来支撑。设想与技术，一虚一实，是生态演进过程的两个主旋律。没有技术的支撑，设想容易流于空想；没有设想的引导，技术容易自成目的。

生态构建可以设想为叙事与领导过程。核心企业既需要将生态系统之意图、理念、治理机制等叙述为一个故事，得到参与者的理解、认同与认可，也需要做好搭建基础设施、提供交互界面与赋能工具、保证数据安全与隐私等一系列工作，这才能吸引参与者的加入，领导它们共赴愿景。

生态构建也可以设想为建制与协同过程。生态各方能够协同共演既需要构建共享的制度逻辑，即价值观、规范、惯例等，以约束或指引参与者的行动；也需要基于数据的互联互通，促进智能协同，乃至提升网络效应的强度与速度。

生态构建还可以设想为创新与探索过程。生态各方既需要彼此承诺、互相信任，保持非正式对话与紧密的互动，从而创造新的知识、产品与服务；也需要借助数字技术对资源、能力等价值要素进行模块化封装，从而实现价值要素的智能调配与组合式创新。生态系统通过不断地创新与探索，实现持续发展。

除此之外，生态构建还可以设想为是谈判与缔约过程、博弈与政治过程、架构与适应过程、创业与成长过程，共责与共益过程，等等。生态系统是结果，更是过程。当将生态系统设想为多重过程时，就可以从中寻找和设计多种策略，从而触发生态系统演进。

共创价值：共同演进与共同专业化

生态系统的参与成员亦即构建该生态系统的核心企业及其各类合作伙伴。核心企业，乃是生态系统中的基石及领袖。其他参与者主要包括其供应商、销售商、合作者及第三方互补者。大家都是独立存在的个体，各自自主决策。虽然在很多情况下，核心企业与参与成员之间可能会有股权上的关联，但不同的参与成员仍然具有相对独立性和决策自主性。在此基础上，由于享有价值创造方面的某种一般性的共同愿景，或者由于某个具体的价值主张，各方走到一起，交互行动，参与共同创造价值的协作过程中。当然，某些成员可能就是核心企业或者现有参与成员为了某个价值主张或价值创造的独特需求而专门投资设立的或部分收购的。它们之间的交互行动主要体现在共同演进（Co-evolution）、共同专业化（Co-specialization）和共同创造价值（Co-creation）三个方面。

共同演进

既然生态系统类似于一个广义的组织，那么，在很大程度上，其参与成员彼此间需要做出正式的、相对长期的承诺，而不仅是名义上存在的同盟，或仅是停留在极端松散的、不具任何约束性的、随意性的交往与互动上。这种承诺与互动通常经历多个技术创新阶段、产品更新迭代周期，以及经营环境中政治、经济、文化和国际事件等多个领域的变化与动荡。技术的进步往往具有连续性，因而需要前后互补与兼容。没有参加过前一个技术阶段的成员很难直接进入下一个技术演进周期。因此，现有伙伴间长期的合作是必要的。同理，对于目标客户的长期追踪服务与了解洞察的重要性也使得合作伙伴间的长期互动成为必须。随意更换伙伴可能前功尽弃，甚至由于客户的倒戈而给相关企业乃至整个生态系统带来负面结果。共同演进具有很强的路径依赖性。

显然，那些同时牵涉多方参与者的共同演进举措往往是由核心企业来牵头主导的，其他非核心成员之间自发的合作通常缺乏动力并难以协调。对于核心企业与合作伙伴的共同演进而言，一方面，核心企业可以通过对其他参与成员提出要求，以提高其价值创造的效率和有效性；或者，通过创新的方式开发配套的产品与服务，以支持该企业全新价值主张的实现。另一方面，核心企业之外的参与成员自身也具有自主性和能动性，它们同样渴望扩张与盈利，会基于自身的远见与实力自发地付出努力、进行创新，这可以增强核心企业的技术实力，并提高其产品与服务的吸引力，甚至可以帮助核心企业实现全新的价值主张、进入全新的价值创造空间。总之，成员间的相互激发与促动在很大程度上决定各方共同演进的质量和结果。

共同专业化

共同专业化的现象广泛存在。在传统的汽车制造行业，丰田汽车与供应商的关系就体现了双方在共同专业化方面的协同努力。供应商可以根据丰田的特定要求进行投资、设计和生产。这种共同专业化可以提高双方的合作效率。这种需要额外投入才能实现的特定的合作关系与承诺，只对参与双方有价值，而在公开市场并无额外价值，甚至是任何其他汽车厂商所无法直接应用的。因此，这种合作专业化一旦无法奏效，或者其中一方违约，便会产生高额的沉没成本。对于此类风险的应对，最为重要的是双方在反复合作中形成的信任和经验。

在生态系统中，这种共同专业化的协作可能发生在三方或者更多方合作成员之间，需要更高程度的相互信任与协作。比如，在某个新兴的高端定制的电器产品业务上，做核心硬件的企业、做配套附件的企业、做应用软件的企业、做系统设计和定制化的企业，以及高端客户营销的企业，需要共同协作来创建和打磨这一新的商业模式。既要有一定的模块化分工，又要有多方的互补与协作，还要有总体的协调与整合。无论哪个企业作为核心企业，多边的共同专业化、互相学习与调整、多边的共事机制的构建，以及大家共同接受的解决纠纷的渠道与机制，都是整个生态系统成功生存和运作不可或缺的。这些正是某个生态系统形成特定竞争优势的基本源泉。只有这种特定竞争优势得以产生和应用，才能证明生态系这一概念与现象的理论价值及实践意义，才能真正使之成为一个独立存在的战略管理分析单元与层次。

共同创造价值

核心企业与参与成员之间通过共同演进和共同专业化而共同创造价值,此乃生态系统战略的独特之处。既不完全依靠一家企业自身的力量闷头一意孤行、单打独斗,也不通过并购与兼并将合作伙伴整个收入囊中、占为己有,而是通过生态系统概念的构建来形成重复性的多边合作关系。生态系统中的价值共创有诸多可能模式。

首先,核心企业可以承担总设计师和总承包商的角色,与生态系统中其他的零部件提供者共同完成产品或服务的提供,从而最终为客户提供一个总体集成的产品或者一站式解决方案。比如,波音的飞机设计与总装业务、思科的智能路由器业务。

其次,核心企业可以搭建和管理某种交易平台,并以之为基础构建生态系统。比如,阿里巴巴的B2B交易平台、亚马逊和京东的网上商城。

再次,强势技术企业可以控制关键技术及相关标准,进而打造技术平台,并与多方参与成员互动演进、共创价值。比如,谷歌的安卓智能手机系统几乎悉数囊括苹果iOS手机之外所有重要的智能手机制造厂商。

某些生态系统中的共同演进、共同专业化和价值共创可能相对有机自然,更加接近传统意义上的生态系统。比如,加州纳帕溪谷的葡萄酒企业,其生态系统与其他配套机构和系统交相辉映,包括相关的大学与研究机构、有机农业与种植、生态旅游及葡萄酒专业营销机构等。

最后,说到价值共创,就离不开客户和终端消费者。在数字经济中，消费者往往既是消费者，也是生产者，因为他们直接参与价值创造过程，并在很多情况下对价值创造的内容和方式产生重要影响。比如，亚马逊商城、优步租车、网飞流媒体和大众点评等业务，消费者数据直接向核心企业及其参与成员反映他们的消费习惯与偏好及价格敏感度，这将在很大程度上影响相关企业与生态系统下一步的价值主张及相应的价值提供。

那些需要定制服务的业务，更是需要消费者的直接参与及合作。而且，深入了解特定消费者群体和目标受众，相关的企业与生态系统可以建立更加广泛深入的消费者洞察，从而顺藤摸瓜、锦上添花，一方面为更多的此类消费者及类似消费者创造价值，一方面能够更加精准周到地为该群体提供新的产品与服务，全方位地向其提供价值。

生态系统的治理

治理，就是在要做的事情确定后，不同的主体如何划分责权利，以使协作更顺畅、战略实施更成功。所以，战略是要做的事，生态是做事的"组织"，治理则建立分工规则，为组织注入生命，决定其运作方式。可见，治理是生态运作的灵魂，是战略实施的关键。具体而言，本文从以下三个要素考察生态系统的治理机制，即边界、成员与权力。

生态边界治理

尽管读者可能迫不及待地要讨论生态内部的治理，我们却把生态宏观治理悬置于前,建议首先思考生态纵向边界和基础设施等宏观议题。优先考虑生态纵向边界,是因为思考生态成员如何嵌入生态前,不妨先考虑生态如何嵌入其宏观环境。优先考虑生态基础设施,是因为在游说生态成员加入生态前,不妨考虑自身的价值底盘。

生态边界。生态的纵向边界是该生态与产业环境的界限。纵向边界治理的关键是处理好生态与产业利益相关者的关系。这种关系可能体现为多个维度。比如,iPhone生态和安卓生态的纵向边界差异体现在是否把终端商纳入生态内。再比如,消费互联网业务生态通常是破坏性的,而产业互联网业务生态则通常是延续性的。核心企业时常需要调整其纵向生态边界以重构与产业的关系。早期Google发布自有品牌的手机乃至后来收购Moto,被解读为意欲改变其生态与移动产业的边界,曾引发产业震动。早期滴滴生态相对于出租车行业是破坏性的,而后随着管制政策的完善则发生了复杂演化。Airbnb需要小心地处理给本地房屋租赁行业带来的外部性影响(租金上涨伤害本地居民的利益),以免受到抵制和管制。这些例子表明,核心企业需要就其边界治理问题与广泛的产业利益相关者(而不仅是生态成员)进行有效的沟通。

基础设施边界。基础设施是生态系统的内核,即核心资源。内核本身也需要治理。如果说考虑生态边界治理要求眼光向外更多点,考虑基础设施治理不妨眼光向内更多点。平台通常被认为是基础设施的代名词,但平台一词往往含义混杂、暧昧不清。比如,有的把平台理解为某种技术实体,如网络和操作系统；有的把平台理解为多方成员互动之处；有的把平台理解为愿景、文化、规范等一般性协调工具。实际上，一些有志于构建产业互联网生态的企业，其基础设施都呈现为多种平台的混合、平台与非平台的混合、数字资产与产业资产的混合、有形与无形资产的混合。这给基础设施治理带来了挑战。比如，是不是核心企业提供的所有服务都纳入基础设施？是不是所有的生态基础设施服务都由生态主提供？生态更依赖有形的、还是无形的基础设施？有形和无形的基础设施如何适配和共同演化？基础设施内部各组件之间的管理关系、技术关系如何协调？

生态成员治理

生态成员治理主要考虑成员资格的开放性、正规性及成员互动的紧密性和专属性。

开放性。开放性特指生态系统进入壁垒的高低和相应的难易程度。在一个完全开放的生态系统里，所有成员进出自由、来去随便。而一个封闭的生态系统，会对潜在的入选对象进行严苛的考察、谨慎的邀约。一个开放的生态系统，因其成员的广泛性与多样性，可能在遇到危机时有更多的补充和备选对象，从而在一定程度上增加生态系统的韧性、促进生态系统的更新。但通常情况下，过于开放的生态系统，因为缺乏进入壁垒及高度的流动性，并不利于创新与特定竞争优势的构建，而且过多同类成员的同时参与还会造成资源浪费和挤出效应。当然，虽然开放系统不利于基础性的创新，倒是可能有利于某种创新的传播或改善，如高度开放参与的维基系统。

而相对封闭的生态系统，可能更加能够充分而直接地体现核心企业的战略意图。此类生态建立了较高的遴选标准，其参与成员往往具有较强的实力和创新的潜能。因此更利于创新及高水平合作伙伴之间多边互补关系的形成，更易于造就和利用生态系统特定的竞争优势。然而，一旦误入歧途或被对手打压，封闭的生态系统很难自行纠偏，因此缺乏自我更新与应对危机的韧性。

在多大程度上开放，取决于特定生态系统的业务特点与创新焦点。如果希望通过特定的创新来创造卓越价值，那么就需要减少开放程度，促进少数精英成员的通力协作；如果希望通过快速传播创新来扩大影响，则需要增加开放程度，促进人多势众的广泛参与。

正规性。生态系统的成员资格也会体现不同的正规性。在有些生态中，其资格正式、要求严谨，甚至包括正式的、具有具体权责期限的合约，抑或要求一定数量上的参与成员与核心企业有一定的股权关系。而在另一些生态中，则相对松散和非正式，主要在于大家在意识上的认可或者名义上的归属。这也在某种程度上印证了生态系统作为一种构建的存在意义。对于生态系统的界定及其涵盖的意义，尤其是其正规化程度，不同的核心企业会有不同的设想和设计。

紧密性。紧密性指核心企业与参与成员之间关系的紧密程度，体现在大家交互行动的范围、深度、强度和频率等指标上。在生态系统中，各方连接与互动的紧密性直接影响多边互补性协作的成效与可能性。生态各方连接与互动的紧密性若未能达到特定的临界程度之上，不利于其多边协作与生态系统特定竞争优势的产生与利用。反之，若过于紧密且严格管制，则不利于参与成员各自积极性和主动性的发挥，甚至会使之产生厌恶和抵触的情绪，从而不利于长期关系与协作。

专属性。专属性对于一个特定生态系统的归属与效忠。有些生态系统允许其成员同时参与多个生态系统，包括与之竞争对抗的生态系统；有些则坚持其成员参与的专一性与排他性，禁止它们同时与任何其他生态系统有染。其实，即使是一个完全开放的生态系统，仍然可能具有排他性。也就是说，我这个生态系统虽然完全开放，来去自由，但前提是在任何时间段你只能参与我这一家。排他性安排强化了归属与控制。显然，参与成员同时参与多个生态系统，因能够接触到更多的知识和经验，可以带来更大的灵活性与多样性，这使得非排他性的安排具有一定的吸引力，也使得最佳实践得到参与者的传播。参与多个生态系统的企业所面临的潜在弊端在于不受核心企业的重视和信任，处处被边缘化，无法充分贡献自己的价值并获取自己可能得到的或应该得到的价值。

生态权力治理

尽管这一维度与前一维度可能存在某些重叠，我们还是建议单独考虑。权力在核心企业与参与成员之间的分配，既是平衡生态整体活力与核心企业价值捕获之关键，亦是平衡参与成员自治性与生态主控制力之关键。在设计生态权力结构时，建议关注以下三方面。

权力分层。尽管很多人把生态描绘成人人平等参与的理想图景，但几乎所有现实存在的商业生态，包括开放社区如Wiki和Linux，其生态中都存在不同程度的权力分层。这是必要的。尽管人人平等看起来很美，但缺乏权力分层的生态通常面临决策缓慢的问题，使得整个生态难以协调或者一些重大决定难以适时做出。值得强调的是，权力分层不仅体现在核心企业和参与成员之间，也可能体现在成员内部。以健身俱乐部的会员分级为例，不同层级的会员可以使用不同的资源、享受不同的服务，且其影响整个健身俱乐部政策的能力也有所差异。这种分层可能是显性的，也可能是隐性的。比如，SAP培养自己的咨询与软件实施合作伙伴时，明晰地规定了不同级别的合作伙伴的权利和义务。相较之下，Apple对其庞大的开发者群体的管理就更放任自流，基本上由用户对产品的评价决定。

权力共享。权力分层是权力的纵向结构，权力共享乃是横向结构。尽管SAP和Apple的生态都只有唯一的核心企业，但有些生态的核心存在多家企业共治、共享生态领导权。比如，美国航空和英国航空，作为寰宇一家这个航空服务生态的创始会员，共同把控该生态的规则制定权。在PC行业，众所周知其权力由MS和Intel共享。这种安排可能有助于生态更快地获得临界规模，或者以联盟的形式展现更美好的前途从而吸引参与者。然而，这同时可能带来领导力方面的挑战。这些共享领导权的企业既需要管理好整个生态，又需要管理好彼此之间的关系。比如，尽管微软和Intel围绕一些关键标准的归属明争暗斗，却能够相互妥协，蜿蜒前进，最终实现共同愿景、成就整个PC生态的地位。

权力让渡。生态成员到底能够多自由？这取决于权力让渡政策，即核心企业是否允许参与者在大生态内自行构建以其为核心的小生态。这也是生态治理的一种杠杆。比如，谷歌允许三星在安卓大生态内构建核心兼容但存在三星烙印的小生态，却坚决不允许阿里在这方面的尝试（yunOS）。同样，苹果尽管有自己的Ebook服务，仍然允许亚马逊在Appstore上发布Kindle的iOS应用。这不是因为核心企业慷慨或者高尚，而是因为这种策略带来的好处（如吸引更多的用户）能够盖过其可能的损失。需要提醒的是，权力让渡有时会培育特洛伊木马。比如，微软就是IBM在自己生态中培养出来的颠覆者，最终使得IBM惨痛地退出PC业务。这要求核心企业在让渡和控制之间寻求灵活的平衡。

结语

本文一般性地论述了生态的存在、运作和治理。每一维度都存在丰富的内涵和选择空间。值得指出的是，本文所提的ECO框架为制定生态战略提供了分析基础，但并非生态战略本身。每家企业都面临不同的产业环境、竞争形势和发展阶段，需要利用该框架创造性地思考自身的生态战略。

5 第四次工业革命与算法治理的新挑战

第四次工业革命背景下的算法变革集中体现为其作为影响人类生产、生活活动重要规则的兴起,由此带来的歧视性、责任性、误用及滥用性风险,使得技术治理的传统框架面临新挑战。公共部门和私人部门都应回归到"以人为本"的治理理念,共同推进治理体系和治理机制的更新与完善。

——贾开 薛澜 | 文

哈佛大学法学院教授劳伦斯·莱辛格在1999年和2006年连续出版两本以"代码（Code）"为名的专著，并提出"代码即法律（Code is Law）"的著名论断。莱辛格的核心观点是，"代码"构成了网络空间的新"规则"，但不同于物理空间，此时的规则制定权从立法者手中转移到商业公司。莱辛格担忧，商业公司的逐利性可能影响"代码"作为网络空间规则的公共性，因此要求政府约束商业公司行为，对代码的设计、部署、应用过程及结果施加约束。

莱辛格的主张可被视为21世纪初"算法治理"的典型代表，但从随后的历史发展进程来看，此种主张并未成为主流。彼时各国为促进互联网新兴产业的发展，主要采取了自由宽松的规制态度，并没有过多干涉技术创新和应用。相比之下，"算法治理"在当前却获得了包括政府、商业公司、社会公众在内的各类主体的普遍重视，针对算法歧视、算法"黑箱"、算法责任、算法"茧房"等诸多问题的治理规则也在各个国家得到不同程度的落实。算法治理不再局限于学者提出的理念，而正在转变为具体的法律政策或伦理原则。

在这短短的二十余年里，人们对于"算法治理"态度的转变，一方面可被理解为技术发展与应用深化的自然结果，是互联网由早期弱小产业逐渐成长为网络空间庞大生态后人类社会的必然应对；另一方面，第四次工业革命推动下的算法应用，真正体现了其作为影响人类生产、生活重要"规则"的变革性，从而使得"算法治理"具有了不同于历史上任何一次技术革命的新特点。

第四次工业革命推动算法成为人类社会重要"规则"

历史上的三次工业革命都是以标志性技术突破为代表，并被视为推动人类社会组织、经济、政治形态变革的重要力量。例如，瑞士日内瓦高级国际关系及发展研究院教授鲍德温认为：蒸汽机革命降低了产品流通成本，从而促进了货物贸易的全球化；信息通信技术革命降低了知识流通的成本，从而促进了生产网络的全球化。相比于前三次工业革命，第四次工业革命的核心特征并不在于单个技术的突破，而在于人工智能、生物技术、可再生能源、量子技术、3D打印等一系列技术的跨界融合，在此过程中迭代演化、迅速扩散并引发连锁反应。

催生第四次工业革命到来的重要原因，可被归结为人类社会数字化转型进程的深入，使得"数据驱动"开始成为新范式，并在不同领域得到应用。药物研发、可再生能源管理、智能制造的生产调度，都是在不同领域、针对不同数据进行收集、存储、分析的人类活动。伴随此过程，算法作为挖掘数据价值的基本方法，其重要性与日俱增。但在第四次工业革命背景下，算法的变革性影响还不止于此。

英国著名学者迈克尔·波兰尼曾指出，"人类知道的，远比其能表达的更多（Humans know more than he can speak）"。传统信息技术下，算法可被视为人类知识的表达，只有能够清楚界定的需求，才能通过算法以数字化的形式实现出来。第四次工业革命背景下，人工智能技术突破了波兰尼论断的限制，算法实现过程不再依赖人类知识的表达。基于大量数据或案例，算法可以通过自我学习自动抽取出特定规则。由此，第四次工业革命进一步扩大了算法的应用范围，加速了人类社会数字化转型的进程，并凸显了算法作为人类社会数字环境新规则的重要性。

以人脸识别算法为例。波兰尼论断揭示的基本现实是，人们往往能很轻易地识别朋友的脸庞，但并不能解释该脸庞具有何种特征以至于我们一眼便能"识别"。正因为这种表达能力的限制，长久以来，算法对图像的识别正确率远远低于人类，这也使得安防、认证等诸多场景的数字化转型进程停滞不前。但人工智能技术的发展，使得算法可以基于大量图片进行自我学习，并抽取出相关特征，从而打破了人类表达能力的限制，实现了与人类相当甚至更精准的识别效果。在此基础上，机场车站对于"黑名单"人员的筛查、金融服务过程中对于身份的认证，这些传统上均是由人来完成的工作，当前都可通过人脸识别算法来实现，其在加速相关场景数字化转型进程的同时，也自然成为影响人类生产、生活活动的重要规则。

这一变革固然带来诸多益处，但围绕规则合法性、合理性、正当性、平等性的争论，意味着变革风险的必然存在——而这也正是"算法治理"所要关注的要点。

算法应用的三种风险：歧视性、责任性、误用及滥用

算法治理要回应的，是算法变革所带来的治理风险。"算法作为规则"的独特性决定了第四次工业革命背景下，算法所

引发治理风险的挑战性。具体而言，相关风险可被概括为三个方面。

歧视性风险

我们先从一个实例说起。亚马逊公司2014年开发了一套"算法筛选系统"来帮助亚马逊在招聘时筛选简历。开发小组开发出500个模型，同时教算法识别50000个曾经在简历中出现的术语，以让算法学习在不同能力间分配权重。但是久而久之，开发团队发现算法对男性应聘者有着明显的偏好，当算法识别出"女性"相关词汇的时候，便会给简历相对较低的分数。最终亚马逊公司停止了该算法的开发和使用。但是，为什么看似中立的算法会对女性产生歧视呢？原来，亚马逊公司的整体员工构成以男性为主，亚马逊用来训练算法的"老师（简历数据）"本身就带有很强的性别偏差，而年幼无知的算法只能"邯郸学步"，从以往的简历数据中学习，自然就学到了这个偏差。这个例子就是典型的算法歧视案例。

从概念上讲，算法歧视的基本内涵是，当将算法应用于决策领域时，基于群体身份特征，算法将形成具有系统性偏差的决策结果。典型案例比如在犯罪风险评估算法中，黑人的犯罪风险会系统性地高于白人；在招聘机会推荐算法中，男性获得高薪资工作的推荐概率显著高于女性等。在贷款申请、广告推荐、公共服务等领域，自动化算法决策结果都可能存在对特定群体的系统性偏差。

造成算法歧视性风险的原因，固然有技术缺陷或人为主观意图的影响,但更复杂的因素还在于算法与其应用环境相互影响的结果。以搜索引擎的排序算法为例,2013年针对谷歌的一项研究表明,搜索黑人名字时,排在前面的搜索结果会更多地与犯罪记录联系在一起,而搜索白人名字时则不会出现这种情况(由于历史文化传统的不同,相当数量的英文名字事实上体现了种族特征。如Latanya更多对应黑人名字,而Kristen则更多对应白人名字)。造成排序算法这种系统性偏差的原因,并非源于谷歌程序员主观性地加入了种族因素,而是因为排序算法的原则是将用户有更大概率点击的内容排在前面,很多用户在搜索黑人名字时,更想了解其是否与犯罪记录相关,从而导致排序算法在持久的用户结果反馈过程中,形成了上述偏差。该研究揭示了算法结果的偏差事实上反映了人类社会本身的内在分化,算法在应用于人类社会环境,并不断接受环境反馈而动态调整的过程中,又进一步体现、放大了人类社会的既有分化。

责任性风险

算法责任是又一个被频繁提及的治理风险,其主要内涵是,当算法决策或应用结果损害特定主体权利时,由于归责原则不清晰而导致利益救济不到位的风险问题。技术治理传统视角下,技术或产品仅被视为工具,其背后的设计者或应用者才是承担民事责任的主体。但在第四次工业革命背景下,算法责任性风险的新挑战主要体现在两个方面。

一方面,在人工智能技术推动下,算法具备了一定程度的主体性。人工智能算法的变革意义在于突破了人类表达能力的限制，基于大量数据或案例的自我学习过程，事实上意味着算法应用结果与人类行为之间，并不一定存在必然且直接的因果联系，由此导致传统归责原则失效。例如，如果人工智能算法"生产"的文学或音乐作品侵犯了他人著作权或版权，我们并不能完全归咎于该算法的设计者或应用者，因为他们并没有直接决定算法的产出，甚至不能预期算法究竟形成何种产出。

另一方面，算法责任的新挑战还在于算法的"黑箱性"。也就是说，我们对算法形成特定结果的内在机制和因果联系看不清楚、说不明白。这种情况将影响责任溯源的过程，以及相关责任的界定。虽然我们不能完全排除商业平台刻意隐瞒算法运行原理的情况，但导致算法"黑箱性"的根本原因，还在于算法基于大量案例的自我学习过程本身的不可解释性。例如，算法虽然能够在短时间内阅读所有《人民日报》的文章，并判断哪一篇文章可能在社交媒体上得到最多人的分享，却不能给出人们愿意分享该文章的具体理由；类似的，算法能够为用户推荐最匹配的资讯内容，却不能给出用户喜欢该资讯内容的具体原因。在上述例子中，当算法应用结果给用户造成权益损失时，因为难以确定导致损失的原因，传统归责体系也就难以确定应该由谁、用何种方式对用户给予合理的赔偿。

误用及滥用性风险

算法虽然能够以更高效率处理大量数据，但仍然存在诸多局限性。如果忽略这些局限性，将算法应用在不当环境之中，便可能引发误用及滥用的风险，具体体现在三个方面。

首先，算法往往是"死板"的：虽然算法可以基于大量数据或案例实现自我学习，但学习的目标却需要具体而明确的人为设定，而现实生活的复杂性并不一定总能满足这一要求。其次，算法往往是"短视"的：算法往往要求实时反馈结果以评估决策效果，导致其能更好地满足"短期目标"，但在应对"长期目标"方面就可能力不从心。最后，算法往往是"僵化"的：基于大量数据或案例的机器学习算法，在客观上要求输入大数据集与其应用环境具有概率上的分布一致性，但动态变化的应用环境往往使得基于特定数据集的算法决策很快过时，因而难以用于指导当前及未来的预测或分析。

以资讯推荐算法为例。首先，资讯推荐算法的目的在于为用户提供最匹配且有质量的内容，但算法并不理解何为"匹配"或"有质量"，因而设计者不得不将这一模糊目标转化为"用户点击率最高"这一具体的替代目标。但很明显地，替代目标与真实目标并不完全一致，"点击率最高"并不意味着"有质量"，算法的"死板"可能带来额外风险。其次，"用户点击率"更多地体现为当前的"短期目标"，过多重视点击率可能导致低俗内容盛行，从而不利于平台可持续发展这一长期目标，但算法无法将后者纳入考虑范围，由此带来"短视"风险。最后，资讯推荐算法往往需要根据用户历史阅读数据来预测用户偏好，但其往往难以捕捉用户所在环境的具体需求（如在课堂或医院等特殊场合），进而可能推送不合时宜的内容，并因此体现其"僵化"风险。

基于上述风险的梳理不难看出，不同于传统意义上的技术治理，第四次工业革命背景下的算法治理，并不局限于技术或产品本身，更多体现了算法与人类社会交互影响而形成的新挑战。正因为此，算法治理不仅要求算法设计者关注功能的完备性和鲁棒性，更要求算法应用者和用户深度参与治理进程，为算法的动态演化及其影响结果提供实时反馈，而这也相应要求治理理念、体系、机制的革新。

算法治理理念、体系、机制的革新

第四次工业革命背景下，算法治理的新挑战在于，算法的生产与应用过程已经深度嵌入人类社会之中，其作为规则的普遍性、可执行性与动态性，都使得我们需要更新治理理念，并创新治理体系和治理机制。

治理理念的回归与丰富：以人为本

在传统的技术治理视野下，"以人为本"更多是指技术创新应服务于人类社会发展，而不能"作恶"。但对于第四次工业革命背景下的算法治理而言，"以人为本"的内涵还不仅如此，其同时要求技术研发与应用的价值应体现为"赋能于人"，而非"人的替代"。算法治理理念需要回归并丰富"以人为本"的基本内涵，有两方面原因。

第一，在第四次工业革命背景下，算法已经开始作为独立的行为主体参与人类生产、生活，并以"规则"的形式体现其对于人类行为的深度影响。由此引发的重要问题在于，原先由"人"来承担的行为责任能否且如何向"机器"转移。在没有对此问题作出很好的回答之前,将重要规则的决策权归还于"人",仍然可能是短期内我们的次优选择。例如,资讯推送算法背后并没有一个控制者,其能够决定每个人所能看到的资讯内容,是算法在分析每个用户的偏好后,自主决策形成的推荐内容,基于此所创造的信息环境将最终影响用户的观点与行为;但算法可能存在推送与法律、伦理相悖内容的风险,使得我们仍然不能任由算法来决定所有内容,人为的干涉与影响不仅是重要的,也是必不可少的。

第二,算法所体现出的自动化、智能化特征,可能诱导技术研发者和应用者,在提高效率、降低成本的引导下,更多追求控制乃至替代人类行为的自主性,进而忽略了算法辅助并"赋能于人"的可能性。例如,"犯罪风险评估"司法机制的设计初衷,是为了更好地促进并创造个体向善的动机与环境,而非片面地减少人为判断的主观性以提升决策效率。特别是,如果我们意识不到算法还存在"死板""短视""僵化"的弱点,在忽略人类社会复杂性的前提下,片面追求效率导向,以在不同场景下"替代"人类决策的技术研发和应用思路,将可能造成更大风险。

治理体系和治理机制的延伸与重构

技术治理的传统体系是典型的"命令—控制"结构,针对确定的治理风险(如汽车事故),政府作为监管者预先制定标准(如汽车产品质量标准)与规范(如驾驶者的行为规范),

并要求相关主体遵照执行。但第四次工业革命背景下，算法更多地作为"规则"，而非"产品"，被应用于人类社会并产生影响，由此也使得算法治理风险体现出多元化、动态性、不确定等特征。在搜索引擎排序算法的例子中，程序员以"最大化用户点击率"作为算法设计原则，本身并无太大争议，但当应用于具体环境并体现出特定社会心理倾向之后，歧视性风险最终产生。面对这种情况，监管者既难以提前预设规制标准（因风险难以提前预知），也难以针对明确的被监管者制定行为规范（因并非特定主体的特定行为直接导致风险），传统的"命令—控制"结构难以为继。因此，治理体系的延伸成为必然选择。技术研发者、设计制造者、部署应用者乃至用户都应当加入治理体系，与政府监管部门共同构成推进算法治理的利益相关方。在遵循各自行为规范的基础上，利益相关方还应建立风险共享与应对机制，以便及时发现治理风险，约束相关方修正技术发展和应用路径。

然而，将利益相关方纳入治理体系，并不意味着必然就会带来良好的治理绩效。算法治理的新挑战要求利益相关方共同探索新的、有效的治理机制，以发挥不同主体优势、整合治理资源。就此而言，以"敏捷治理"引领算法治理机制创新，可能是值得探索的希望路径之一。"敏捷治理"是世界经济论坛2018年提出的新概念，其意味着"一套具有柔韧性、流动性、灵活性或适应性的行动或方法，是一种自适应且具有包容性和可持续性的决策过程"。"敏捷治理"在广泛纳入利益相关者的同时，要求以更快速度识别变化中的风险，监管者与被监管者的清晰边界被打破，进而共同探索应对风险的渐进式策略。对于算法治理而言，其嵌入社会的规则属性恰好需要"敏捷治理"式的机制创新。一方面，算法本身的动态变化，以及应用过程中才浮现的治理风险，在客观上要求快速的治理应对；另一方面，算法治理风险类型与程度的不确定，反过来要求利益相关方在探索中表达治理诉求、形成治理方案。

结语

历次技术革命都会带来新的治理需求并引发治理变革，但不同于过往技术革命，第四次工业革命背景下，算法的普及与应用导致的治理挑战，并不局限于技术本身，甚至也不局限于因技术发展而形成的新兴业态，而是体现为算法在利益相关方的部署下，与特定应用环境相互影响的产物。导致风险产生的原因，既有算法本身的技术特性，也有人类环境本身的复杂因素。面对新挑战，我们需要回归到"以人为本"的价值导向，在综合考虑技术、应用者、应用环境三方面治理结构的基础上，践行"敏捷治理"的原则和机制。

6 数据时代的企业算法治理思维

迎接数据时代的到来,任何一家企业都需要建立算法治理的思维,通过对企业战略的调整以及组织与流程、绩效与文化和数据治理与IT系统等方面的管理变革,以业务算法化和算法业务化为指导思想,创新提升企业的管理能力,转型升级企业的业务模式。

——刘杰 | 文

网络公司运用算法对用户以往在线的活动和行为数据加以分析后，就可以使人们打开手机App时总能收到自己感兴趣的内容，或者在推荐栏很快就看到自己想要的商品，算法系统影响甚至控制着用户的操作行为和结果。随着5G技术以及物联网、大数据、云计算、区块链和人工智能等互联网技术应用的普及与深入，社会进入数据时代，数据成为生产资料，产业互联网成为传统企业转型升级的战略选择，在消费互联网企业已经得到成功应用的算法模式开始进入产业互联网领域。

企业能否抓住产业互联网机遇，关键在于是否具备数据资源应用的能力。因此，算法治理成为数据时代企业发展的一个重要思维。那么，企业如何理解算法治理的内容？算法治理思维的关键有哪些？企业如何能够将正确的算法治理思维落实到企业的运营过程中？

算法治理思维的基础

算法时代的到来

提及算法（Algorithm），计算机科学、社会学、法学、传媒和哲学等不同学科理解的侧重点有所不同。对企业而言，人们常常想到的就是使用数字符号、图表等数学工具来解决某一管理问题的数学模型，或者是基于特定的计算将输入数据转换为决策所需的输出的编码程序，这是对算法的基本的认识。比如，20世纪50年代兴起的库存管理EQQ模型就是针对最优库存这个环节而建立的一种算法，同时以MRP（物料需求计划）软件在计算机中加以实现和运行。随着互联网及其应用的发展，算法概念的范围也拓展到了解决某一问题或处理事务应该遵循的规则及其具体的操作程序，该程序可以应用软件加以实现和运行，用来增强甚至取代人们分析、决策和执行的活动。比如，20世纪90年代以来一直很受企业关注的供应链管理（SCM）不仅关注某个企业相关环节的库存管理问题，还延伸到市场、生产和供应等上下游各个环节，基于互联网的SCM软件不仅可以为供应链中各个环节的仓储人员提供透明的信息，而且还可以代替采购人员自动给供应商下单，代替财务人员支付或收取货款等。

算法不仅已经逐步成为企业解决具体问题的一种方法和开展业务运行的技术程序，也已经渗透到社会结构和人们生活中，社会、企业、消费者等与算法之间的关系日益紧密。政府层面应用算法进行税收、国防、货币发行、基础设施建设和教育资源布局等规划与执行，在COVID-19疫情期间，各国各级政府都希望及时掌握人口活动的数据，使用算法进行分析和控制。企业应用算法开展投资、定价、获取客户及执行操作等活动，比如，滴滴、美团、今日头条等平台型企业以数字为主要生产要素，采用各种算法帮助企业运营，在运营过程中还通过不断更新的数据对算法进行优化，大量的交易处理工作都交由算法自动完成，企业规模的扩大就不再依赖于人力资源的增长来实现了。例如，深圳洪堡智慧餐饮科技有限公司是一家利用互联网从事小龙虾供应链管理与市场销售的企业，在做到1亿元人民币销售规模的时候，员工近300人，而做到3亿元销售规模的时候,由于其开发的大量算法已经成熟并投入应用,员工只有90多人了。当然,消费者个人也使用算法开展投资理财、保险选择和消费安排等。

算法的应用成为数字经济高质量发展的一种必不可少的手段,经济发展也进入算法时代,算法获得前所未有的地位。

企业算法治理的提出

其实,在绝大多数情况下仅有算法是不足以帮助企业解决问题的,算法的应用与不断优化还需要背后的数据和算力的支持,物联网的普及让企业可以获得大量数据,云计算的普遍应用使得算力得到增强,算法、数据和算力就是组成人工智能(AI)的三大基石。由此也可以理解为什么半个多世纪前出现的AI概念近年来得到广泛重视,同时因为AI的应用,算法常常又被称为"智能算法",智能算法让计算机系统拥有自己的"思想",并且可以在算法规则确立的流程下运用算力和数据进行问题求解与决策、参与企业业务活动的操作与执行,智能算法的开发与应用同样推动AI的不断进步。

不过不是说只有AI应用才需要算法,算法本身并非一开始就应用于计算机科学的,作为人工思考和处理的一种方法,算法一直存在于人类社会、经济和生活之中。例如,人们通过查看印制的地图寻找目标路线,企业通过计算各种成本确定商品的市场价格,政府等机构通过投票等方式开展选举、立法等活动,这些工作中都存在一定的算法。随着计算机的诞生和应用普及,尤其是移动互联网的发展带动社会进入数字时代,算法因为具有可抽象化和可程序化的特点，就逐渐成为数据时代基本的思想方法和工作方式。互联网以及大数据、人工智能、区块链等技术与应用都需要以算法作为底层原理和技术，基于这些底层原理和技术的应用更加依赖各种算法设计，没有算法的支撑，再多的数据和再强的算力供给以及各种技术的愿景都只是空中楼阁。

数据收集、数据、算法、算力与应用（即"人"）等五要素共同构成了算法应用系统的框架，其关系如图1所示。在各种算力资源的基础上，应用不同的软件和设备收集各种数据，然后运用算法处理这些数据，最终不仅可以得到有用的信息和知识，增强管理者的洞察力，而且还可以直接按照一定的规则有效率地代替人甚至代替组织做出决策和执行任务。因此，算法应用系统已成为企业的一种核心竞争力。

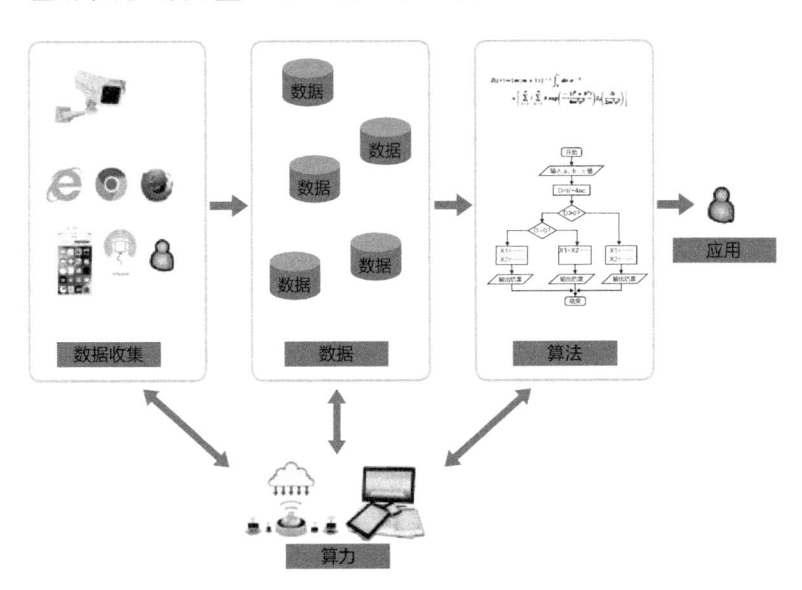

图1　算法应用的五要素概念架构

然而，图1中的每个部分都不是看到的那么简单，都需要有一个开始、设计、构建、实施、使用和不断优化的过程，每一个过程都会涉及技术、经济和社会等问题。

图1中与数据相关的内容属于数据治理的范畴，比如数据收集方式和手段的选择、数据的项目和类型的确定、处置和应用数据的方法等，尤其是涉及个人隐私和公共安全的数据收集与应用，更是全社会所关注的数据治理问题。针对数据治理的各个方面，世界上主要经济体与国家都在不断完善相关的法律法规，一些企业逐步建立了相关的管理制度。

算法不仅代表数字时代企业的竞争力，而且也体现企业的价值观和具体的应用规范。在图1中，一方面，算法及其应用关联着企业内外的"人"，包括员工、客户、供应商和市场监管者及算法的所有者、主导者和开发者等，但是算法本身大多是以"黑匣子（Black Boxes）"形式的程序提供给人们的，使用者和其他利益相关者并不了解算法的原理，而且企业在算法应用过程中大多存在着多方利益冲突的现象。比如，众多包含算法运行的App虽然在使用之前会提供一个说明并让使用者确认后才运行，但是大多数人既没有耐心阅读，也缺乏读懂的能力，算法就可能会在用户不知情的情况下，攫取用户的隐私信息并被商业化使用。另一方面，在算法的开发、应用及算力的使用过程中，企业自身也需要关注经济性问题和数据安全性问题等。

这两个方面的问题是影响企业算法应用成效的关键，可以通过算法治理来应对，算法治理成为数据时代企业的顶层策略和思维。

企业算法治理的内涵

根据2009年诺贝尔经济学奖获得者埃莉诺·奥斯特罗姆（Elinor Ostrom）及其丈夫文森特·奥斯特罗姆（Vincent A. Ostrom）为代表的多中心主义观点，治理（Governance）从概念上可以理解为涉及或公或私的不同个人及组织在一定范围内通过相互调和、联合等行为，制订、实施和实现某项计划的过程。

因此，治理的概念属于管理的范畴，是管理中的一项特殊工作，其主要任务就是当有相互冲突或不同利益的个人及组织存在时，确定与运用能够使得他们协调一致的原则、规范、规则和决策程序，从而共同开展行动以持续低成本地实现目标的过程。

例如，近年来，在越来越多的外卖业务链中，平台企业为了满足消费者对服务速度的要求，追求收益的最大化，系统运用大量的算法控制外卖骑手接单后的行为，甚至还特别关注骑手的上下楼时间，专门研究骑手去某一栋楼的低楼层和高楼层时的时间速度；而外卖骑手一方面要追求更高的收入，另一方面也需要安全和从容的工作状态；同时，交通管理部门以及道路交通的其他参与者都希望有一个井然有序的交通环境。实践证明，外卖业务链中算法的运用确实为平台企业增加了每单的收入和节省了每单的成本，但同时带来了多方利益的冲突，尤其是外卖骑手在其中处于弱势地位，因此，社会上出现了对外卖平台严酷算法的指责和善待外卖骑手的呼吁。

消费互联网平台企业已经受到严峻算法应用的挑战，随着产业互联网的发展、数据时代的到来，各类企业与算法应用之间的关系将日益紧密，算法成为企业利益创造和分配中的一个重要角色，算法治理成为企业的核心理念。

算法治理（Algorithmic Governance）是企业的一种新型技术治理形态，首先就是企业在经营管理过程中能够主动并充分地运用算法；其次，在算法应用过程中需要有用于指导和支配企业算法构建与执行等各种应用活动的规则集合，这些规则集合明确了企业算法应用中涉及的相关角色、工作责任和执行流程，算法的规则集合虽然是由企业依据自我需求的目标设计的，但是为了能够持续地实现自身的目标，就必须确保算法所涉及的多方利益之间的协调；最后，算法也可以作为一种手段和工具，监督和保障算法对规则集合的遵守。

企业算法治理的思维组成

思维是行动的先导。十多年前随着移动互联网的建设与发展，互联网成为社会与经济的基础设施，一些学者和企业家先后提出互联网思维，海尔、小米、美团等许多传统与新生企业适时运用互联网思维，取得了有目共睹的成果。近年来，随着物联网、大数据、云计算和人工智能等技术应用的普及和深入，社会和经济进入数字时代，企业也从信息化阶段进入数字化阶段，尤其是国家以5G技术为核心的新基建战略的实施，产业互联网成为企业发展的方向。在此背景下，中共中央、国务院在2020年上半年发布《关于构建更加完善的要素市场化配置体制机制的意见》，首次将数据定义为新型生产要素，与土地、劳动力、资本和技术等并列为五大要素，并强调要加快培育数据要素市场，数据成为企业参与国内外竞争的重要战略资源。

然而，在图1中可以看出，数据的价值需要通过算法的建设与应用才能够实现，数据应用的本质其实是算法，算法是应用数据的大脑，算法治理成为继互联网思维之后企业转型发展的又一个引领性思维。

企业算法治理思维由业务算法化和算法业务化两个部分组成。

企业业务算法化

互联网虽然带来了企业经营管理思维的变革，但是企业管理的主体还是企业各个岗位上的管理者，而算法治理思维带来的是经营管理主体的转变，算法可以根据应用场景的不同，自主生成管理决策方案，并且可以自动执行，这就使得原本居于主体地位的管理者变成参与者，甚至是听命于算法的执行者。业务算法化后，企业就可以打破原有的规模经济递减效应，也会自然突破企业原有的业务边界，真正地实现跨界经营，因为大量的工作由算法承担了，这些工作从简单到复杂可以分为如图2所示的三个层次。

图2　企业业务算法化的三个层次

第一层次：日常运营与事务处理工作算法化

企业日常运营中，组织的精力大多被消耗在了常规的经营管理工作上，从基层管理者到高层都特别忙，尤其是主要领导人，忙着开各种各样的协调会议，听取各个条线的工作汇报并考核其工作情况，进而做出决定和指示，还要处理不同层级的下属提出的各种各样的要求与问题，与此同时，下属也因缺少发挥自主性的工作机会而严重缺乏积极性。

其实，现实中大量的工作是常规性的管理与决策。1911年，科学管理之父弗雷德里克·温斯洛·泰勒（F. W. Taylor）在《科学管理原理》一书中提出，要达到最高的工作效率的重要手段就是用科学化的、标准化的管理方法代替经验管理。泰勒虽然是从"车床前的工人"开始研究企业内部工作效率的，但是泰勒由此建立的科学管理理论明确认为，管理学是一门建立在明确的法规、条文和原则之上的科学，适用于人类从最简单的个人行为到大企业组织安排的各种业务等活动。泰勒证明了管理有科学的一面，然而，100多年来，泰勒的科学管理大多成为学术殿堂的摆设，难以在企业实践中开花结果，在企业中也常常是由不同水平的管理者所运用。因此，在企业中科学管理的优化与继承成为一个难题。

进入数字化时代，泰勒的科学管理就可以采用持续优化的算法加以工程化实现了。借助于智能算法管理工具系统可以自动完成大量的常规性管理与决策工作，可以极大地减轻各层级人员在日常管理中的工作与协调负担。

例如，在烘培店的管理中，每一个工作人员都有规定的着装和行为要求，系统可以通过摄像头画面并运用算法识别工作人员是否正确佩戴口罩、动作是否规范、产品制作各个环节用时是否标准等，一旦发现有不符合要求的情况发生，系统通过算法判定违规的严重程度，并可以选择立即自动提醒员工改正或报告不同层级的经理人员等，同时，还可以将其自动计入考核系统。

同样，这一套算法系统也可以应用在各类交通工具驾驶员甚至办公室工作人员等的管理中，针对人们的工作状态画面等数据，运用算法系统就可以判断其身体疲劳度、精力集中度及对待客户的热情度等。

于是，企业日常运营与事务处理的许多工作可以由算法系统接管，算法代替了管理者，将会使得一部分管理岗位的重要性降低甚至消失。值得一提的是，随着这类算法系统运用的普及，将会有越来越多的职业、岗位会被认为"困在算法系统中"。正像印刷技术、汽车、电视机和互联网等出现的初期遇到很多非议一样，算法系统的应用改变了人们生活、学习和工作的习惯，正如马歇尔·麦克卢汉（Marshall McLuhan）所说："我们塑造工具，此后工具又塑造我们"，加之算法系统本身的"黑匣子"特点，社会对算法系统的争议也难以停歇。

其实，算法系统虽然体现了主导者的价值观，但其本身还属于一种工具，任何工具都是双刃剑，具有两面性。一方面，算法系统可以切实提高企业的管理效率，降低成本，增强竞争力；另一方面，一些商家可能滥用算法系统压榨员工、欺骗消费者。因此，一定程度的质疑、争议和批评也是算法治理的组成部分，对算法治理的正常发展是有益的。但是，"倒洗澡水不能把孩子一起倒掉"，数据时代的算法系统应用是不可阻挡的趋势，社会与企业都需要在思维、政策、法规及架构和文化上的转型。

第二层次：管理流程算法化

企业的战略需要落实到业务流程才能够得到真正的执行，客户价值的创造和实现不是企业的哪个岗位或者哪个部门完成的，是在企业一个完整的业务流程完成后实现的，企业业务流程中的各个环节也越来越多地被外包给效率和成本更有优势的其他组织。因此，企业业务流程的完成方式成为企业取得成功的关键。

长期以来，为了保证业务流程顺畅地完成，并实现效率的大幅度提高，企业通过分工发展出拥有各种职能岗位和部门的模式。在这种模式下，每个部门和岗位都专注于完成自己的工作，当然，也一定会与其他部门或同事的不同目标产生交叉影响，因此，就可能出现影响企业生存和发展的"大企业病"等现象。

这种普遍存在的企业工作方式源自工业革命，在这种方式下，为客户传送价值的业务流程是跨部门、跨层级的，"竖井"式职能部门在实际工作中割裂了业务流程。而在一个企业中，本质上只有为数不多的端到端的关键流程创造了企业为客户提供的几乎所有价值，如订单获取、产品开发、生产与供应链管理等，在数字化的今天，这些以客户为中心的关键流程在运用算法系统后就可以成为一个端到端的连续体，不再是一系列分散的步骤。

在诸如今日头条、美团外卖和滴滴出行等网络企业，算法系统已经使得企业部分流程的自我治理成为现实，这些企业的实践证明，通过算法实施的管理流程更高效精准，也能够降低管理成本。而近年来一些传统企业已进入产业互联网领域，应用渐广的海尔卡奥斯、美的美云智数、三一树根互联以及德国西门子的MindSphere等产业（工业）互联网平台，不仅可以让用户直接参与企业的全流程，而且以用户为中心的算法系统实现了对业务流程的部分替代，打通了产业之间、企业之间的界限。随着应用场景的不断拓展，以及区块链共识算法达成的智能合约等技术与应用的推行，算法治理在用户需求识别、解决方案生成和整体绩效评估等全流程中发挥作用，算法系统运营的流程体系也将促进全产业链生态的形成。

值得一提的是，历史上汽车甚至是电熨斗等众多新技术和新产品的出现，并没有减少对劳动力的需求，近年来，互联网对零售、出租车、媒体、旅游和餐饮等行业产生了摧毁性的冲击，但是麦肯锡全球研究所的一项研究发现，互联网每摧毁一个就业岗位，就会创造出2.6个新的岗位。可以预期，算法治理不仅难以完全取代人，而且还会产生更多的算法设计、维护等新的岗位需求。

第三层次：管理决策算法化

信息化时代企业开发应用的是决策支持系统（Decision Support Systems，DSS），DSS是人们运用数字分析开展决策的支持（Support）手段，最终的决策是由人而非系统所制定的，主要是因为特定的决策人及决策的问题能够获取的数据有限，即小样本数据决定的因果关系和决策者的经验成为决策的主要依据。比如，沃尔玛通过有限的销售数据分析发现啤酒与尿布的销量正相关，但是只有收银员将他们观察到的场景告诉经理，即因为母亲大多在家照顾孩子，父亲外出买尿布，而父亲同时也会买一些啤酒，这时经理才可能决策在尿布的货架边上放上啤酒。

大数据时代到来后，嵌入业务流程中的算法系统就可以把视频、语音、图片和数字等各种大样本数据甚至是全样本数据作为基础，做出及时决策并直接执行。例如，前面提及的深圳洪堡智慧餐饮科技有限公司在网络上开展广告推广，需要决策客户的每一次点击应该出价多少，因为要与竞争对手竞价，出价过高就是浪费，出价低于竞争对手就会失去流量即订单的机会。这项工作原本由每个店面的人员单独操作，一般在前一天晚上凭经验决策一个价格，第二天视订单的增减情况，再决策后一天的价格。而现在由于可以获得全网数据，他们开发了一个智能算法，视订单变化情况和竞争对手的出价，15分钟步进式加、减价一次，使得自己的竞价自动成为一个动态的最优决策，而且全国1000多家门店都基本不再需要人工操作，决策的科学性和效率都得以显著提高。

算法替代原来DSS直接做出决策并执行后，释放了管理者大量的时间和精力，瑞·达利欧在《原则》一书中提到：像算法一样决策可以培养真正的创意择优。亚马逊在这个方面就是一个典范，作为CEO的贝佐斯不仅要思考企业长期发展的方向，也要对企业正在发生的事情作出决策。为此，他打造了一个强大的数字和算法系统。比如，亚马逊数据中心的选址决策活动超过280个标准，包括地震、空气、地形和土地规划条件等因素，全部自动计算达标后才可通过。再比如，亚马逊制定的企业年度业绩目标近500个，对每个目标都明确了责任人及成果要求和完成时间，算法系统实时分析追踪，快速发现问题，自动完成常规决策，持续推进组织管理能力的提升。

大数据环境下的算法决策相对人工决策而言，不仅规避了现实中存在的决策噪声，而且具有准确性、高效性以及稳定性等优势。尽管如此，也要认识到，无论多么优秀的智能算法都是人研发的，算法系统不可能完全取代人的决策，当然，算法系统也给人们带来"算法黑箱（Algorithmic Black-box）"的忧虑。

企业算法业务化

"算法黑箱"的说法之所以存在,是因为算法的设计、开发和运行都是在封闭的计算机网络系统中完成的,人们难以了解算法的设计原则、应用原理和运行过程,而且不同于实体空间具有明显的地域界标,各地政府部门难以对网络空间开展及时的、有效的监管。即算法存在透明性、可解释性及责任明确性不足等问题。实际上,长期以来许多未应用算法的传统企业也存在同样的问题,只是大数据背景下企业业务算法化的潮流带来了整个社会的变化及关注。

其实,虽然算法是网络空间程序化指令的集合,实质体现的是设计开发者的价值偏好和利益诉求,这与企业在实体空间开展业务活动是一致的。大数据时代的到来,万物以数据化的方式呈现,利用数据的算法成为企业业务活动中一个组成部分的趋势凸显。因此,企业在业务算法化的同时,还需要具备算法业务化的思维,将算法治理作为企业的一项业务活动。作为一项业务活动,算法治理具有以下三个特点。

首先,技术理性与价值理性的有机统一。企业算法系统看似黑匣子,本质上却是将原本与企业内外部各个利益相关者之间面对面的直接关系转化为代码系统,其目标是提高效率、降低成本、增强企业竞争力,并没有改变企业的本质,算法并没有去价值化。因此,控制算法设计和运行环节的核心仍然是企业的目的,即持续地创造用户,当然,算法要实现这个目的,就必须能够为员工、供应商、渠道商等业务相关者都带来福祉。

其次,短期效益与长期价值的有机统一。人们当下常常诟病的一些互联网企业收集和滥用用户数据的现象，其实就是企业追求短期效益的行为。虽然说网络数据的收集与跟踪是21世纪的普遍活动，且算法的价值也是基于应用数据才能实现的。然而，如果企业以人性的弱点为切入点收集和利用数据，短期内可能迅速为企业带来流量与收益，但是长期而言，大多数用户最终一定会因厌恶这类算法的结果而远离这些企业的。作为一种组织，企业追求的是基业长青，算法逐步成为企业业务活动的组成部分，那么算法本身就需要将短期收益与长期发展结合起来，能够长期发展的业务一定具有合情合理、合规合法并能够不断改善人们生活的特点的。

最后，控制风险与抓住机遇的有机统一。数据和算法是算法治理的两大基石，共同推动算法治理应用场景的不断拓展和持续深化，然而，尽管人类进入了大数据时代，但是数据还是存在着有限性的问题，人们设计的算法也存在着不完备性，尤其是社会对算法的认知以及取得利益相关者对算法的共同认可也需要时日。因此，算法业务化进程的初期存在着一定的技术、经济、社会和政策风险，企业需要建立相应的风险控制机制和应对措施。此外，借鉴十多年前一些企业不信任的云计算业务在今天已经得到普及的经验，传统企业要消除对算法不信任的观点。企业领导人要认清大数据背景下存在于企业之间的"数字鸿沟"将会演变为"算法鸿沟"，运用算法将组织的精力从日常管理中释放出来，抓住机遇、布局长远、持续提升。

企业算法治理思维的实施

互联网及其各类应用的普及和发展，使得算法已经渗透到人类社会的结构中，虽然到目前为止，人们对算法的理解还很有限，甚至还加以抵制，但是并不能阻止人们依赖算法开展各种活动。比如，人们大多不了解智能手机中各种导航软件的具体算法，但还是依靠导航软件的判断和建议前行，导航软件运用的动态规划等算法，让普通人拥有了超越当地专业司机才具备的认路能力。当然，算法也可能让人们更少地观察、思考和质疑，人们在只需接受导航软件建议的场景下，也就少有机会在一整张地图上规划自己需求的路线，同时也失去了通过整张地图来了解整座城市布局的机会。从企业的视角来观察这些现象就可以发现，虽然算法的应用存在着负面因素，但是人们还是越来越依赖于算法，甚至离不开算法，企业的业务算法化和算法业务化已经初见端倪并且不可逆转。

算法治理思维的实施对企业传统的经营管理是一场变革，不仅需要战略层面的顶层设计，也需要以变革管理为主线，重构企业的组织与流程、绩效与文化和数据治理与IT系统等。

企业战略

大数据时代，企业所处环境的不确定性复杂程度和市场要求的反应速度，都超出了企业管理者大脑的处理能力，企业的战略制定过程也从低频、耗时转变为持续、快速，而算法治理具有高级分析及自动化处理的能力，就为企业提供了战略决策的手段和工具，企业战略的一个关键转变为核心算法的迭代，核心算法则聚焦于业务算法化和算法业务化。

业务算法化需要企业"从大处着眼，从小处着手"，在做好全面规划和顶层设计的前提下，针对业务中出现频率高、影响面大、规范性强和预期价值显著的场景，逐步推进业务算法化。切忌"大而全"的做法，对那些一年甚至几年才可能出现的低频次场景，可以暂缓开展算法的建设与应用。

算法业务化意味着企业不要将算法仅视为一种技术或应用，而是要将算法视为企业重要的资产，特别是可以开展的一种业务，即沉淀出可复用的算法能力，通过云计算的SaaS（将软件作为服务）开展算法共享服务业务AaaS（将算法作为服务），提供"按需算法"服务业务，开拓新的业态。

组织与流程

《圣经》中有一句名言：太阳底下没有新鲜事。今天互联网技术及其应用犹如19世纪电力技术的推广过程，当时的企业家在思考如何实现"电力+"。实际上从蒸汽机到电力的转换，企业需要在战略等各个方面进行变革，为了促进企业内部相关职能部门充分考虑电力的应用，很多企业还设立了首席电力官或电力副总裁岗位。进入信息时代，同样很多企业设立了CTO（首席技术官）、CIO（首席信息官）及CDO（首席数据官）等岗位，引领了企业信息化的进程。

进入数字化时代，数据成为生产要素，企业所需要的不再仅是软硬件所提供的功能，还有在数据基础上面向业务场景需求的洞察，即算法治理思维的应用，算法成为企业的重要资产和核心竞争力，数据科学家被称为"21世纪最性感的工作"，算法工程师/算法研究员也成为一种新的职业。然而，对大多数企业而言，算法思维的推行在近年还是一项没有成熟经验可借鉴的工作，不仅需要各个部门的配合，还需要得到利益相关方的认可，是一项复杂的工程。因此，企业需要设立数据资产和算法资产管理职能，另外，除了一把手挂帅外，还要设立首席算法官（Chief Algorithmic Officer，CAO）岗位以领导和协调企业算法思维的规划和实施工作。

因为算法本质上就是在连续性基础上运行的，所以在业务算法化的过程中，原本需要占用管理者大量时间和精力的面对面、电话、会议、邮件等传统沟通与谈判活动，都将被算法取代，实现端到端的业务流程。因此，相比于传统的科层式组织和"互联网+"组织，算法治理下的组织架构将更加扁平和精炼，业务流程更加平滑流畅。

然而，由于"算法黑箱"的特点，企业应该借鉴让数据透明、流程透明的经验，确保不因"算法黑箱"而出现新的"大企业病"。

绩效与文化

算法治理带来算法组织、算法经济、算法政治、算法法律和算法社会等新常态，企业算法的投资、研发和应用成为新的业务种类和增长点。然而，算法存在优劣之分，优秀的算法常常是迭代实现的，因此，企业算法治理需要绩效体系的引领与规范。

因为有些算法可以独立处理事务，有些算法用于配合人们的工作，还有些算法是控制人的行为的，等等，而算法的运行相比人的工作是缺乏柔性的。因此，算法治理绩效体系的建立不仅是CEO或高层管理人员的任务，也需要与算法利益相关者，尤其是被算法所控制的执行任务的一线员工共商、共建、共享。瑞·达利欧在《原则》一书中提到：当所有人都能看到算法使用的标准并参与其制定时，他们就都会一致认同，认为这个系统是公正的，并放心地让计算机考察证据，正确地对人做出评估，给他们分配合理的职权。

当然，人们对算法治理及其绩效体系的认知度是其认同度和参与度的基础，而算法治理的文化又会影响和限制人们的相关认知。因此，营造企业以及全社会算法治理的文化，尤其是提高对数据是生产要素的认识，不仅是企业正常开展算法治理的前提，也可减少人们把企业正常经营看作"算法杀熟"的现象。此外，算法治理的透明度、规范性和责任认定等问题不仅是人们接受算法治理的关键，也是算法治理绩效体系的组成部分。

数据治理与IT系统

一方面，数据作为企业生产要素，能否真正发挥作用，关键在于算法治理；另一方面，数据治理是算法治理的基础，算法系统离开数据大多就无用武之地。企业数据治理的核心就是打通"数据孤岛"，并通过数据质量和数据安全这两个关键的保证，在一定程度上保障最终算法治理的质量。

因此，企业算法治理思维下的IT系统需要承担三项任务：一是收集、存储、打通与企业业务相关的数据；二是建立、运行和保护算法的系统；三是提供算法运行的计算能力。为了保证这三项任务的完成，企业需要建立相应的数据和算法管理制度、标准和规范。

随着数据资源的丰富、算法治理的创新和计算能力需求的增加，无论是云计算公司，还是企业自建系统，提供企业IT服务的业务本身也需要算法化。

变革管理

众多经历过实施信息化的企业都会体会到整个过程的复杂性，认识到信息化实际上是一场变革，尽管任何组织的变革都会有风险，而不变革则会有更大的风险。

企业算法治理思维实施的复杂度不亚于企业的信息化，也存在巨大的风险，除了开发和优化算法需要长期、大量投入的风险外，人们对算法的角色及其运作方式的认知度和认可度还不高，这种理解的缺乏不仅涉及算法的生产者和使用者，而且涉及其他受影响者（如政府、股东、经理人员和员工等）。

因此，企业需要把实施算法治理看作一场彻底的变革，对于这场变革要做好系统的计划、组织、控制和协调等管理工作。

结束语

互联网具有的低成本数据资源和数据传输功能，已经彻底改变了人们之间联系沟通和商业交易的方式，以5G技术为核心的新基建正在引领万物互联的数据时代的到来，数据成为经济增长、产业变革和企业发展的核心要素。近二十年，一批消费互联网企业的成功实践证明了数据蕴含着巨大的商业价值和社会价值，而数据效用的发挥依赖于算法，数据和算法成为企业的优质资产和核心竞争力。

Web 2.0概念的提出者蒂姆·奥莱利（Tim O'Reilly）曾经说过："要理解未来，就需要我们摒弃关于现在的思维模式，放弃那些看起来顺理成章甚至习以为常的思想观念"。迎接数据时代的到来，任何一家企业都需要建立算法治理的思维，通过对企业战略的调整以及组织与流程、绩效与文化和数据治理与IT系统等方面的管理变革，以业务算法化和算法业务化为指导思想，创新提升企业的管理能力，转型升级企业的业务模式。

7 数字期权与数字债务：打造数字平台的持续竞争力

为了在数字时代保持竞争优势，企业需要定期更新数字平台及基础设施、创新其业务流程和产品服务，通过数字期权的"识别—开发—实现"与数字债务的"生成—评估—解决"以及二者之间的交互机制，结合自身情况在期权约束型、债务约束型、债务清偿型与期权执行型四种数字平台策略中作出合理选择。分析不同情形下的数字平台价值优化路径及特定情形下的数字期权价值和数字债务风险之间的平衡策略，企业可以对数字平台利用现有机会的能力进行判断，从而更好地挖掘数字平台潜在的数字期权价值，规避潜在的数字债务风险。

——焦豪 孙洁 孟涛 | 文

数字经济时代，数字平台逐渐成为新经济的主流发展模式。2021年10月，习近平总书记在中共中央政治局第三十四次集体学习时强调，当下数字技术、数字经济是世界科技革命和产业变革的先机，是新一轮国际竞争重点领域，我们要抓住先机、抢占未来发展制高点。2021年3月，习近平总书记在中央财经委员会第九次会议上指出，我国平台经济发展正处在关键时期，要着眼长远、兼顾当前，补齐短板、强化弱项，营造创新环境，解决突出矛盾和问题，推动平台经济规范健康持续发展。

在一定意义上，数字平台的健康发展对数字经济至关重要。数字技术作用于企业管理形成一种组织变革的共性趋势，在其引导下创立、成长、跨界演化形成的数字平台正在成为日益重要的组织形态。截至2020年12月1日，世界市值最大的前十名公司中有八家是平台企业，占比前十名市值进一步扩大到89.47%。根据IDC的研究报告，全球TOP2000企业中有2/3的首席执行官将数字化转型作为企业战略的核心。然而，数字化转型失败率依然居高不下。《2020年全球应用程序现代化业务晴雨表报告》显示，启动了原有系统现代化改造项目的企业有74%未能完成项目。企业在不明白数字平台竞争机制的前提下就贸然作出投资决策，不仅会对企业发展造成不良后果，甚至会给社会带来负面影响，造成数字经济的低质量发展。

数字期权与数字债务之间交互产生的竞争策略的选择，对于企业数字平台在动荡环境中获取持续竞争优势至关重要。打造数字平台成为企业重塑其商业模式和市场地位的有力手段。一方面，选择合理的数字平台竞争策略是企业成功的基础保障。企业有必要关注供需方组织如何建立、更新和创新数字平台生态系统，以创造更高的数字期权价值。传统企业也纷纷通过数字化转型构建自有数字平台为内外部商业生态系统的产品、服务与技术创新提供组织基础。另一方面，不合理的数字平台竞争策略会加速企业的衰败。黑莓RIM和诺基亚Symbian数字平台架构瓶颈降低了它们与苹果iOS和谷歌Android等新进入者的竞争能力，惠普的TouchPad平板电脑由于WebOS存在架构缺陷，在上市7周后就退出了市场。

数字期权、数字债务与数字平台

数字期权（Digital Options）是一组以数字化业务流程和知识系统形式存在的数字化能力。这种数字化能力由数字技术投资所产生，可以通过两种方式为企业带来潜在的战略价值：一种是数字技术投资通过提升企业数字化能力可以更好地完善用于自动化、信息化和集成活动的企业内外部数字化业务流程；另一种是数字技术投资通过提升企业数字化能力，从而更好地完善用于产生专业化知识和进行知识共享的企业内外部数字化知识系统。数字平台间的相互依赖性或复合性通常具备相当可观的战略协同价值，首先，数字平台中的某项数字技术的完成，可能大大节省其他数字技术投资成本，从而具备成本消减效应，由此产生的价值可以称为"成本消减型数字期权价值"；其次，数字平台中的某项数字技术的完成，也可能大大扩充其他数字技术的市场竞争力，从而产生市场份额扩充效应，由此产生的价值可以称为"市场扩充型数字期权价值"；最后，数字平台中某项数字技术的完成，还可能大幅提升其他数字技术的性能，从而产生应用效率提升效应，由此产生的价值可以称为"效率提升型数字期权价值"。

数字债务（Digital Debt）是数字平台和数字基础设施投入使用后的维护责任及相关数字技术需要不断完善的义务。数字债务的概念源自电子和信息科技领域中的技术债务（Technical Debt）概念，技术债务也是金融领域中"债务"的一种隐喻，主要指软件开发在成果发布时间压力下，选择走"捷径"（如没有进行必要的测试、忽略重要的技术缺陷等），所导致的长期维护代价，以及逐渐增加的负面经济后果。在一定程度上，数字债务理论发展是技术债务理论的在数字技术投资领域的应用。

数字平台（Digital Platform）是企业进行数字技术投资，为双边或多边用户提供行为互动条件，协调整合各种数字资源组合，从而创造价值的在线空间。数字平台主要包括面向社会生活的商业平台、面向生产的工业互联网平台，以及面向公共服务的电子政务平台，其中商业平台与工业互联网平台是本文研究的主要对象。根据具体应用场景，数字平台还可以分为电商交易平台、社交媒体平台、知识共享平台、生活服务平台、内容娱乐平台等类型。数字平台及生态系统正在成为许多企业创新活动的重要中心，由于生态系统中数字技术嵌入具有开放性、灵活性与多边性，数字创新主体的价值创造路径与传统创新不完全相同，企业数字平台管理的策略也不完全相同。本研究对数字平台的理解超越传统企业系统平台（如ERP、CRM、

SCM）的内涵，将数字平台持续竞争力的重点放在理解数字基础设施与数字平台及生态系统之间的互动如何促进企业的发展上。因此，数字平台获取持续竞争力的关键在于通过数字期权与数字债务之间的交互作用选择相应最优策略，在动态演化的内外部环境中突破原有均衡，通过不断的创新获取持续竞争优势。

总之，数字期权与数字债务理论的有机融合可以帮助管理者更加理性地审视其市场竞争地位，并根据动态的市场竞争环境作出优化策略和投资选择（见表1）。数字平台投资价值的评估框架应从传统的"投资价值=净现值+实物期权（经营灵活性价值）"拓展为"投资价值=净现值+实物期权（经营灵活性价值）+ 数字期权（数字化能力价值）- 数字债务"，该框架为数字平台价值优化路径提供了指导。

表1　与数字平台有关的数字期权与数字债务关键概念

概念	内涵	分类	过程
数字期权	数字平台和数字技术投资后为企业带来潜在的战略价值，以数字化业务流程和知识系统形式存在	• 成本消减型数字期权 • 市场扩充型数字期权 • 效率提升型数字期权	• 识别新的数字技术和数字平台功能方面的需求 • 通过评估将新的数字技术和数字平台功能结合到可行的竞争行动中 • 在组织数字平台的基础架构中有选择地实现数字技术与平台功能

续表

概念	内涵	分类	过程
数字债务	数字平台和数字基础设施投入使用后的维护责任及相关数字技术需要不断完善的义务	• 需求数字债务 • 设计数字债务 • 构建数字债务 • 测试数字债务 • 缺陷数字债务	• 数字平台建设过程中生成了不同类型的数字债务 • 企业需要检查现有的数字债务并确定其优先次序 • 部分或全部消除现有的数字债务以维护数字平台健康发展的决定
数字平台	企业进行数字技术投资,为双边或多边用户提供行为互动条件,协调整合各种数字资源组合,从而创造价值的在线空间	• 电商交易平台 • 社交媒体平台 • 知识共享平台 • 生活服务平台 • 内容娱乐平台	• 企业数字期权的实现可能减少或增加其数字平台的数字债务 • 改善数字债务可能促进或阻碍其数字期权的实现

数字期权与数字债务的"双刃剑"交互作用机制

借鉴金融实践中期权与债务的关系,我们用数字期权和数字债务来形容数字时代企业投资数字技术作用于数字平台带来的战略机遇与潜在危机。数字期权和数字债务是数字平台管理的"双刃剑",一个反映企业数字平台投资所蕴含的正向价值,另一个反映数字平台投资所蕴含的负向价值。值得指出的是,我们需要超越简单的认知,即期权本身是好的,债务本身是坏的。数字期权与数字债务之间的影响是动态交互的,企业数字期权的实现可能减少或增加其数字平台的数字债务,改善数字债务可能促进或阻碍其数字期权的实现。数字平台作为一种由动态能力实现和部署的资源和能力的集合或特定体系结构的集合，兼具稳定性、可进化性，高度可通用的数字平台并不是在所有组织和技术环境中直接生成的，而是通过数字期权与数字债务的交互作用演化而成。数字平台架构强化了涉及数字期权和数字债务的动态作用，数字期权和数字债务之间持续的相互作用对于构建数字平台持续竞争力至关重要（见图1）。

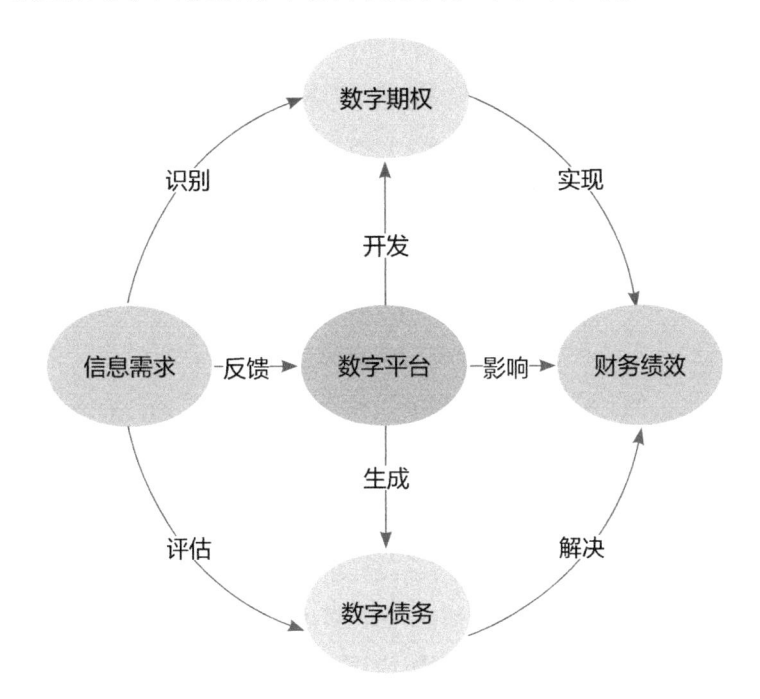

图1　数字期权与数字债务交互作用机制

数字期权的"识别—开发—实现"与数字债务的"生成—评估—解决"活动交织在一起，不断将企业的信息需求（连接需求、降低不确定性需求和降低模糊性需求)反馈给开发者对数字平台作出改进,进而对企业财务绩效产生直接与间接影响。根据期权生命周期概念,管理者可以通过识别、开发和实现数字期权来管理数字平台。

开发数字期权以解决旧的数字债务

通过构建情境评估进行业务流程分析,对企业信息需求进行识别,进而促进平台开发新的数字期权,同时解决旧的数字债务。首先,分析企业背景和目标,确定要投资的数字化业务流程。其次,企业投资数字平台的战略价值就在于优化特定的业务流程,在无法确定投资什么数字技术最有效时,可以反过来通过检查特定的业务流程特征来判断。再次,可以通过数字化知识系统了解企业信息需求的满足情况和企业尚未满足的信息需求特征,直接识别需要投资的数字技术。最后,可以通过不同的业务流程特征所形成的信息需求特征来判断投资什么数字技术。便利蜂作为新零售模式的代表,其数字平台有一种信息需求是"优化流程,实现无人运作"。那么,应用投资射频识别(Radio Frequency Identification)技术后,便利蜂的电子标签不仅可以减少员工频繁修改纸质价签的工作量,还可以对鲜食进行动态的实时促销。射频识别技术的运用不仅提高了数字平台流程效率,而且解决了传统零售商店因纸质化带来的频繁更新数字平台中价格信息的数字债务。

实现数字期权导致数字债务的增加

实现数字期权后,数字平台可能无意间增加了新的数字债务。数字期权的实现是数字债务增加的主要来源之一。一种极端情况下，由于没有充分评估情景，没有考虑当前的用户需求与系统流程，企业匆忙实施了数字平台的初始版，虽然实现了数字期权，却在无意中背负了大量技术上的数字债务，使得数字期权与数字债务二者的依赖关系适得其反，这也是许多第一版数字平台失败的主要原因。反过来说，制造数字债务时的犹豫不决也有可能阻碍数字期权的快速积累与实现。另一种情况下，企业数字平台通过与其他平台和数字基础架构相结合，虽然通过影响更广泛的用户生态实现了数字期权，但同时可能无意间增加了数字债务。淘宝通过与闲鱼、支付宝、饿了么等平台的接口连接，腾讯系的微信通过与京东、美团、拼多多等平台连接，数字平台可以轻松地与数字基础设施中的其他平台和组件进行网络连接，虽然通过更广泛的连接实现了流程导向的数字期权，但是这种过于复杂的生态系统却在设计上、构建上甚至战略上产生隐含的数字债务。

解决数字债务间接促进数字期权的开发和实现

数字债务不一定完全是负面的，数字债务的解决可能间接促进数字期权的形成。在数字时代的企业管理实践中，我们应当摒弃将期权视为好、将债务视为坏的过于简单的概念，而应充分考虑数字期权与数字债务有相互依赖、相互构成的性质，积极改变平台治理机制，支持需求导向的创新。数字时代的企业管理者，与其将注意力全部放在数字期权的开发上，不如将部分注意力转移到数字债务的解决上，可能反而能够发现数字期权开发的良机。许多App开发实践也证实，为了解决上一版本App用户反馈的不足之处，工程师开发新技术解决残留数字债务问题的同时，也为下一版本App中数字期权的开发与实现创造了条件。

改善数字债务可能间接阻碍数字期权的实现

数字债务的改善也可能产生负面效应，间接阻碍数字期权的进一步实现。数字期权与数字债务之间的互动涵盖了数字期权的"识别—开发—实现"与数字债务的"生成—评估—解决"等不同阶段，企业在开发和实现数字期权的过程中，随时都有可能种植新的数字债务而加速数字期权的实现，在战术上获得更经济实惠的升级效果。与此同时，数字债务的堆积也有可能阻碍数字平台进一步开发和实现数字期权的能力，因此企业有必要对数字债务进行及时的评估和清除。但是，盲目解决数字债务也可能不利于数字平台的整体发展。因此，企业在数字平台开发过程中有必要充分利用数字期权与数字债务"双刃剑"机制。一方面，在进行数字平台的投资决策时有必要权衡数字债务解决与数字期权开发之间的先后顺序，做到有序投资；另一方面，可以考虑聘请外部专家解决冗余的数字债务，从而作出最适合数字平台发展的战略投资决策。

打造数字平台持续竞争力的四种策略

在数字平台的投资发展过程中，企业通常会面临着数字期权价值和数字债务风险之间的权衡困境。不确定性环境下的数字平台投资，可能产生大量的数字期权价值；而数字平台投资完成的产品与服务质量上的缺陷，则有可能产生大量的数字债务风险。在高数字期权低数字负债的情况下，企业数字平台的价值通常会增加，反之会减少。数字期权价值对数字平台来说通常都会起到正向促进作用，而数字债务风险一般情况下会起到反向的减损作用。这就迫使企业在进行数字平台相关投资时，不得不面临着数字期权价值和数字债务风险之间财务战略决策的问题。例如，对于具有较大市场潜力的数字平台来说，压缩开发时间将是获得数字期权增长的重要保障，但压缩开发时间同样会带来数字债务的上涨。我们认为，数字期权价值和数字债务风险之间存在构建数字平台持续竞争力的四种策略（见图2）。

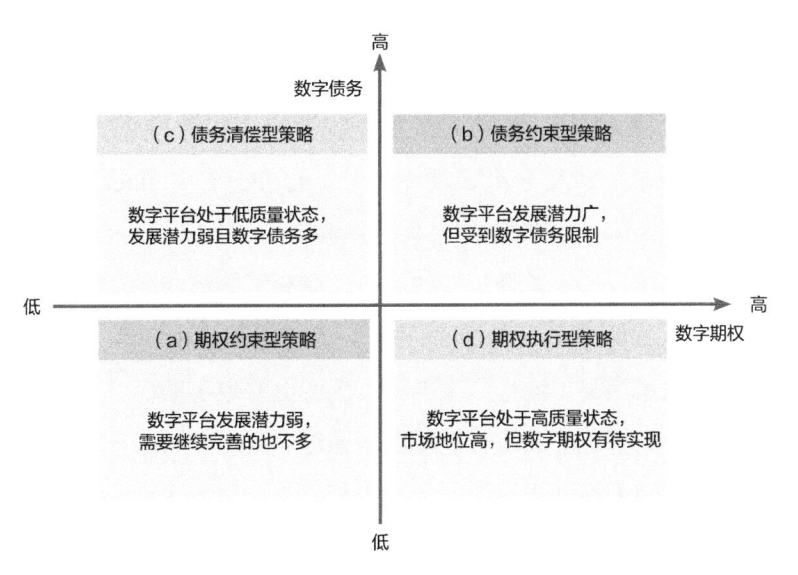

图2　构建数字平台持续竞争力的策略

期权约束型策略

这种情况下，数字平台通常既不拥有太多的数字期权，也不拥有太多的数字债务。表明该类型数字平台未来的发展潜力较弱，且需要继续完善的地方也不多。在该状态下，企业受到现有的设计潜力限制，由于不受遗留的代码限制或兼容性要求，具备较强的开发数字期权潜力。企业可以通过识别企业的信息需求，投资与数字平台产品需求相关的数字技术来开发更多的数字期权。根据"双刃剑"交互机制，企业在最初开发数字期权时将不可避免地产生数字债务问题，企业技术人员在对数字平台进行开发的同时有必要充分考虑未来数字债务清偿问题，以免产生不必要的数字债务。本文认为，该策略适用于数字平台基础薄弱的企业，特别是传统企业数字化转型初级阶段。

海尔最初是一家传统制造企业，为了以最快的速度满足用户需求，成立开放式创新服务平台HOPE（Haier Open Partnership Ecosystem）和工业互联网COSMOPlat平台。一方面，海尔推行"人单合一"的战略，摒弃了传统的科层制，变为没有层级限制的开放创业平台，组织流程也由串联变为并联，极大地增强了流程广度与流程深度上的数字期权。另一方面，海尔将智能产品作为连接件，通过"电器—网器—网站"的数字化转型有效激发员工与用户创造力，数字平台成为多边用户实现创新创造的交流生态圈，创造了更多知识广度与知识深度的数字期权。海尔作为传统制造企业的典型代表，从一家传统企业转型为海尔智家，成功摆脱数字期权约束的困境，开发出大量可用的数字期权，并最终从中获得丰厚的生态收入。

债务约束型策略

这种情况下，数字平台通常既拥有大量的数字期权，也含有大量的数字债务。这表明该数字平台具有广阔的未来发展潜力，但目前还不够完善，从而含有大量的技术缺陷。此时，企业应该首先加大力度弥补数字技术的缺陷，同时尽快兑现数字平台所拥有的数字期权。在数字债务约束状态下，企业具有较高的数字期权战略潜力，却受到解除数字债务成本的限制，企业发布新产品或新功能以响应市场需求的能力受到限制，需要大量的投资用以清理代码库或解决现有模块之间的不兼容性之后才能开始新的数字期权开发。根据"双刃剑"交互机制，数字平台改善数字债务的同时也有可能错过数字期权的实现时机，该状态下的企业虽然拥有较高的数字期权作为支撑，但也需谨慎权衡二者之间的轻重作出适合内外部竞争环境的战略决策。本文认为，该策略适用于具有一定数字平台基础且市场潜力较高的数字企业。

Supercell是芬兰的一家移动游戏公司，这家拥有技术基因的北欧企业一诞生就开发出《愤怒的小鸟》等多个爆款游戏，从业人员超过3000人。然而，公司平台弊病很快开始浮现，由于管理结构是传统的金字塔形的，开发人员繁多组织层级复杂，产品和服务创新无法紧跟市场需求，导致数字债务累积，一些重金开发的游戏可能多年后被推倒重来。随后，公司管理者进行了"中台战略"的改革，采用倒三角形的模式组织团队，将员工缩减到200多名，一个游戏的核心研发人员通常只有4~5人，且开发团队对产品具有自主决策权，产品开发过程与用户需求直接挂钩,几乎没有管理层介入。通过实施"中台战略",企业成功赋能数字化平台对组织结构的全面升级,整合产品技术和数据能力,形成了"大中台、小前台"的组织体制。数字平台共享服务架构的建设使得Supercell公司摆脱了以往"烟囱式"系统建设方式所带来的种种发展桎梏,在解决以往残留数字债务的同时创造了大量的流程导向与知识导向的数字期权。与此同时,数字平台丰富的数据积累(知识导向的数字期权)有效减少了业务试错成本(需求数字债务)。最终,通过评估与解决已有数字债务间接促进数字期权的开发与实现,企业通过一个协同中台快速走出数字债务约束困境,在广度和深度上不断扩张数字期权。Supercell公司所创造的"中台战略"后来成为国内多家互联网公司改革的灵感。

债务清偿型策略

这种情况下,数字平台通常积累大量数字债务,但并不拥有较高的数字期权。这表明该数字平台的发展潜力较弱,但需要继续完善的地方却很多,数字平台处于低质量状态。此时,企业应该加大力度弥补现有数字技术的缺陷,对其所隐含的数字债务进行清偿。由于企业在低质量状态下开发数字平台的市场需求机会有限,且行使数字期权成本较高,企业管理者应当多关注数字债务的评估与解决,通过解决数字债务间接促进数字期权的开发和实现。根据"双刃剑"交互机制,企业既可以探索开发新的数字期权以解决旧的数字债务,也可通过解决数字债务问题促进数字期权的生成。本文认为,当企业已经具有数字平台基础却收效甚微时可以考虑采用债务清偿型策略。

　　2013年，GE采用工业互联网平台Predix试图称霸整个工业互联网行业，却陷入了数字债务困境，究其原因是最初该平台似乎只是内部软件作坊，其信息需求与主要收入来自集团内部各业务部门或付费的合作伙伴（而非外部用户），GE Digital作为独立的部门不但没有创造出理想中的数字期权，反而增加了企业软件业务部门的成本，因而无法为集团带来预期的财务回报。Predix平台并没有期望中的表现，反而积累了大量的数字债务。意识到数字债务高且数字期权不足的现状后，GE为自己设计了三步走的数字化业务发展路径：GE For GE、GE For Customers、GE For World，在积极解决数字债务问题的同时进行大刀阔斧的数字期权开发。

期权执行型策略

　　这种情况下，数字平台通常拥有较高的数字期权，同时拥有较少的数字债务。这表明该数字平台的发展相对完善，且具有较高的市场发展潜力，数字平台处于高质量状态。此时，企业数字平台已在市场上具有较强的创新意识和平台领导地位，企业应加大数字技术投资，尽快兑现数字平台所拥有的数字期权价值。由于高质量状态下的企业随时有可能改变状态，企业管理者更应该灵活运用数字期权与数字债务的"双刃剑"交互机制，持续解决数字债务，间接促进数字期权的开发和实现，积极促进数字期权价值的实现，抓住市场机会进而影响更广泛的数字生态系统，尽可能长时间地保持在高质量状态，最大程度实现其数字期权价值。根据"双刃剑"交互机制，实现数字期权的同时不可避免地会增加数字债务，数字平台此时较低的数字债务状态也为数字期权的实现创造了良机。本文认为，该策略适用于有一定数字平台基础与行业地位的企业，特别是尚未创造利润的数字企业巨头。

京东起初一直处于亏损状态，即便未能盈利，平台早期依然识别与开发了大量的数字期权，股价与市盈率屡创新高，并依托于其先进的运营模式、良好的用户体验和较高的行业地位，屡次融资成功。京东初期通过拼命"烧钱"快速成长做大规模，在增强数字期权的同时保持较低的数字债务。一方面，京东将资金投向物流仓储、智能机器人、京东金融等领域，最大化数字期权价值。另一方面，京东平台不断提高服务质量，通过对消费者作出大量让利，京东平台扩大了用户规模与增强了用户黏性，积极评估与解决需求数字债务。2018年，京东全年经营亏损26亿元人民币，而2019年，京东全年经营利润实现扭亏为盈，达到90亿元人民币。京东平台直到2019年才开始扭亏为盈实现数字期权价值，成功实现从"值钱不赚钱"到"既值钱又赚钱"的飞跃，打了一次漂亮的翻身仗。

结论

数字平台是数字时代企业市场竞争的重要载体。企业需要结合数字平台现状合理设计竞争策略，充分利用数字期权与数字债务之间的交互机制进行有效的战略性投资，选取最优的数字平台竞争策略用以协调企业长期与短期战略行为之间的关系，从而在动荡环境中获取持续竞争优势。数字期权与数字债务的有机融合为企业数字平台竞争战略提供了新的视角。为了在数字时代保持竞争优势，企业需要定期更新数字平台及基础设施、创新其业务流程和产品服务，通过数字期权的"识别—开发—实现"与数字债务的"生成—评估—解决"以及二者之间的交互机制，结合自身情况在期权约束型、债务约束型、债务清偿型与期权执行型四种数字平台策略中作出合理选择，分析不同情形下的数字平台价值优化路径及特定情形下的数字期权价值和数字债务风险之间的平衡策略，企业可以对数字平台利用现有机会的能力进行判断，从而更好地挖掘数字平台潜在的数字期权价值，规避潜在的数字债务风险。

8　价值圈层：数字时代的新空间和新战略

进入VUCA时代，企业价值创造与获取需要新的理论进行阐释。我们提出"联动价值"的概念，以强调价值的创造不仅来自产品的基本属性或功能，还来自广泛的联接和频繁的互动。这种联接和互动在第四次工业革命的背景下已经完全可以低成本地实现。人与人、人与物、物与物都能够轻松联接互动，突破时空和地域限制，介入价值创造的多个环节。此时，多维度共存、情景叠加的价值圈层取代了独立分割的线性流程，供应商、企业、消费者、互补者，甚至竞争者等传统价值生产角色需要被赋予新的理解。

——童文锋　史轩亚　杜义飞｜文

如何创造价值、获取价值，始终是企业战略管理的核心议题和企业管理者的必修课题。一般而言，当企业把生产的产品或服务交到客户手中，客户有一定的支付意愿并支付给企业，价值就在这个过程中被创造出来并实现了获取。可是到底什么是价值，又从哪里去发现价值，在VUCA（Volatility, Uncertainty, Complexity, Ambiguity）时代，这些问题愈发使人困惑。

我们看看全球市值最高的汽车上市公司的数据（见图1）。从中可以看到，截至2021年11月，全球市值最高的汽车企业是特斯拉，市值超过一万亿美元，而全球汽车出货量最大的丰田公司的市值，不足特斯拉市值的1/4。比亚迪市值排名第四，次于特斯拉、丰田和大众。美国电车公司Rivian的市值则一举超过通用汽车和福特，排名第六。

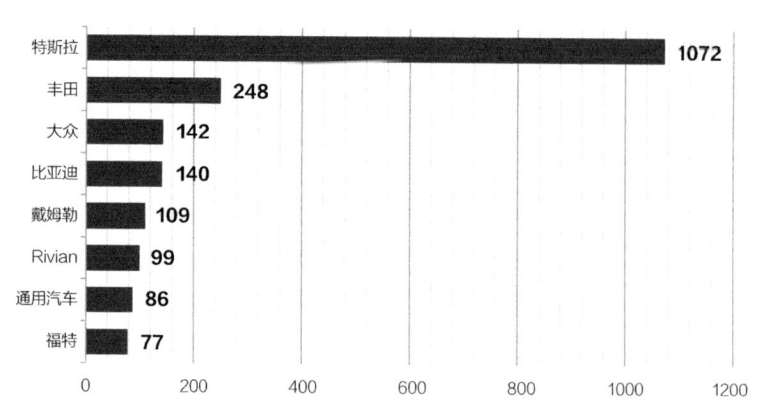

公司	市值
特斯拉	1072
丰田	248
大众	142
比亚迪	140
戴姆勒	109
Rivian	99
通用汽车	86
福特	77

按市值计算的最大上市汽车制造商（单位：10亿美元）；截至2021年11月。
来源：公司市值。

图1　全球市值最高的汽车上市公司数据

特斯拉、Rivian并没有出现在2020年全球汽车出货量前十名的榜单上（见图2）。2020年特斯拉汽车的出货量不到50万辆。2021年市值排名第四的比亚迪的出货量也不到50万辆，Rivian2021年的出货量只有100多辆。但不可思议的是，2021年特斯拉的市值已相当于全球所有汽车厂商的市值总和。显然，这并不是因为特斯拉每年能生产并交付六千万辆汽车，那么特斯拉的价值又该如何衡量？

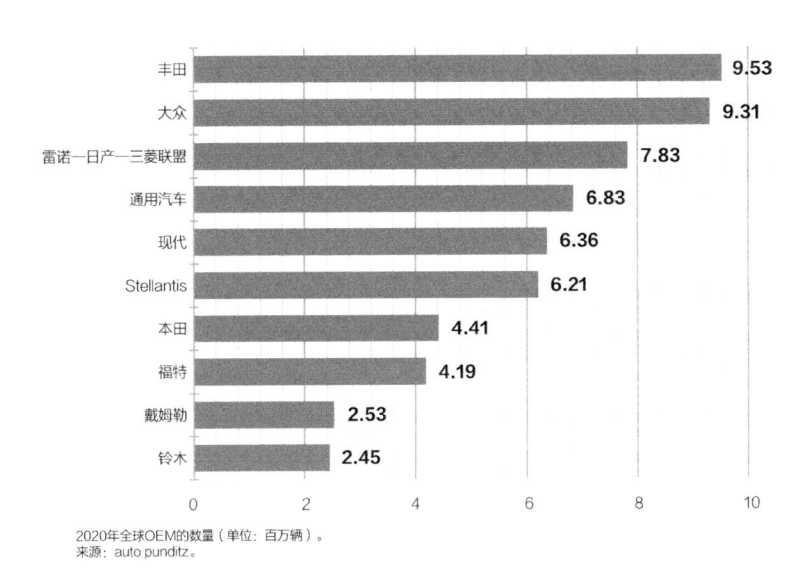

厂商	数量
丰田	9.53
大众	9.31
雷诺—日产—三菱联盟	7.83
通用汽车	6.83
现代	6.36
Stellantis	6.21
本田	4.41
福特	4.19
戴姆勒	2.53
铃木	2.45

2020年全球OEM的数量（单位：百万辆）。
来源：auto punditz。

图2　2020年全球汽车出货量前十名企业榜单

衡量价值的参照有着不同的视角，从研究特斯拉的股票分析员所跟踪的行业可以管中窥豹。这些分析员不仅包括那些传统的跟踪汽车行业的分析员，还包括跟踪AI、数字平台、大数据等高科技行业的企业（如苹果、亚马逊、微软等）的分析员。从传统视角来看，这是不可理解的，因为高度专业化的分析员总是聚焦在某个固定行业。特斯拉是一家汽车公司，还是AI/大数据公司，抑或是其他类型的公司？汽车公司和AI/大数据公司的价值决定因素显然是不同的。

"价值"思考的演化历程

哈佛商学院教授迈克尔·波特（Michael E. Porter）是战略管理的奠基人之一，在20世纪70年代末开创性地提出五力模型和价值链的概念（见图3）。这些概念的核心在于一个垂直的产业链。企业通过与上游供应商讨价还价后购入原材料和零部件，然后进行一系列的基本生产活动和支持活动做成产品，提升附加值，然后交付给下游的客户。在这个模型里，企业的边界很清晰，企业与上游、下游之间是线性的竞争关系，也因此形成明确的产业界限。在供给相对缺乏但机械化大力提升生产力的时代背景下，五力模型和价值链基于大机器生产的思考，阐述了存在于企业内部的价值。

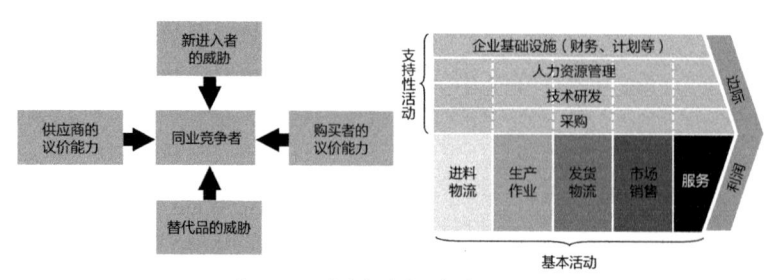

图3 五力模型与价值链模型

进入20世纪八九十年代，产业上中下游企业联合生产，相互关系变得更加紧密。此时，价值转移到了更广阔的生产端，存在于从供应商到企业直至客户的多个流通环节中，产品成为价值的载体。哈佛商学院教授亚当·布兰登勃格（Adam M. Brandenburger）与同事哈伯恩·斯图尔特（Harborne W. Stuart）教授由此推出价值棒（Value Stick）模型（见图4）。同五力模型一样，价值棒是一个线性的模型，区别在于后者强调价值是由供应商、企业和顾客共同创造的。所创造出来的价值一分为二，供应商获取部分价值，企业和顾客获取另外一部分价值。后者以价格为基础，再一分为二，由企业和顾客分享。不同于价值链关注企业内部的价值获取，价值棒模型将视角扩展至不同的市场主体之间，强调企业与外部主体的价值交易关系。

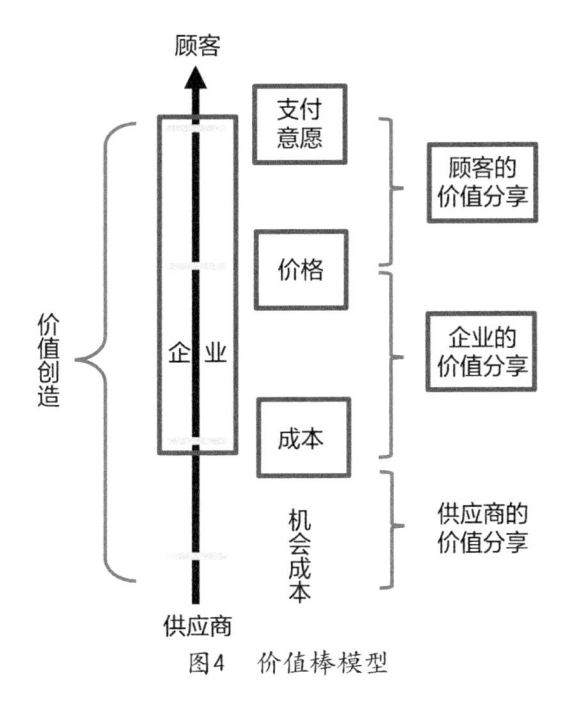

图4　价值棒模型

随着互联网时代的到来，信息技术和全球化浪潮促使产业链不断细分，企业上下游可以遍布全球。许多专注单一部件生产的企业因此兴起，成为其他企业的互补者。为此，布兰登勃格教授联合耶鲁大学的加里·纳尔波夫（Gary Nalebuff）教授提出价值网（Value Net）模型（见图5）。相较于五力模型，该模型拓展了供应商、企业、消费者和竞争者等传统角色间单一连接的关系，把互补者这一新角色纳入价值体系中。互补者通过提供互补性产品，提高消费者的购买意愿。例如，电脑硬件企业（如IBM）与软件企业（如微软）互为补充，共同打造了庞大的电脑市场，提高了消费者的支付意愿，创造了共赢的局面。互补者并不直接处于生产链条的上游或下游，其存在为价值模型提供了新的维度，各参与主体得以被纳入一个"平面"之上。

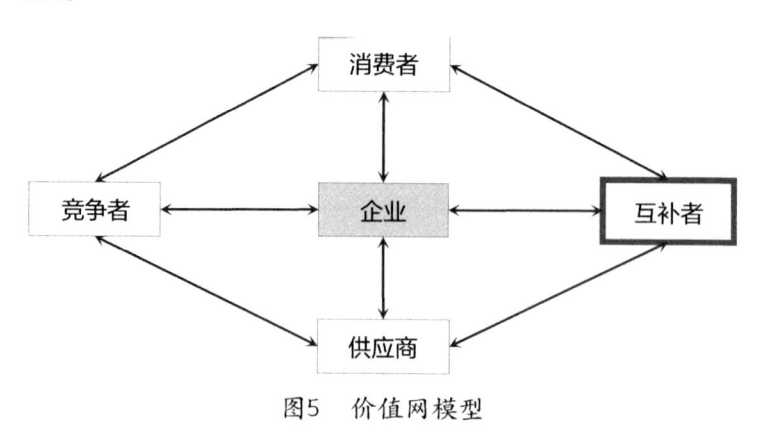

图5 价值网模型

综上，在大机器生产时代，价值几乎完全被商品自身功能、基本属性所承载。传统战略假定行业边界定位清晰（五力模型），企业边界分明。企业可以围绕从研发、设计、生产投入到营销、售后服务的"价值链"，创造价值然后获取价值（价值棒）。在互联网时代，互补者加入生态，参与创造价值和分享价值（价值网）。近年来，需求和消费端愈发重要，《蓝海战略》的作者，INSEAD商学院教授钱·金（W. Chan Kim）和勒妮·莫博涅（Renee Mauborgne）采用价值曲线（Value Curve）来刻画企业提供的产品与服务为购买者带来的效用高低。至此，基于西方工业革命与信息革命的企业实践，价值理论实现了从点（价值链）到线（价值棒）再到面（价值网）的全面优化，完成从企业内部到供应端，再到需求端的闭环。

基于上述讨论，我们想要说明的是，价值及其决定因素，乃至战略管理本身，都是时代和科技的产物。因此，在今天的数字时代，价值理论亦需要突破新的维度。

时代与技术驱动价值前沿扩张

接下来，我们用一张图和一个实例阐述价值链、价值网及关于价值战略的新的想法和框架。在图6二维坐标系中，横坐标表示产品的实现成本，纵坐标代表消费者的支付意愿。价值前沿标识出在某个时代和技术背景下，能以最低成本来实现产品并获得消费者最高支付意愿的企业。接下来，我们聚焦计算机及其延伸出来的移动设备，并通过实际案例进行解释说明。

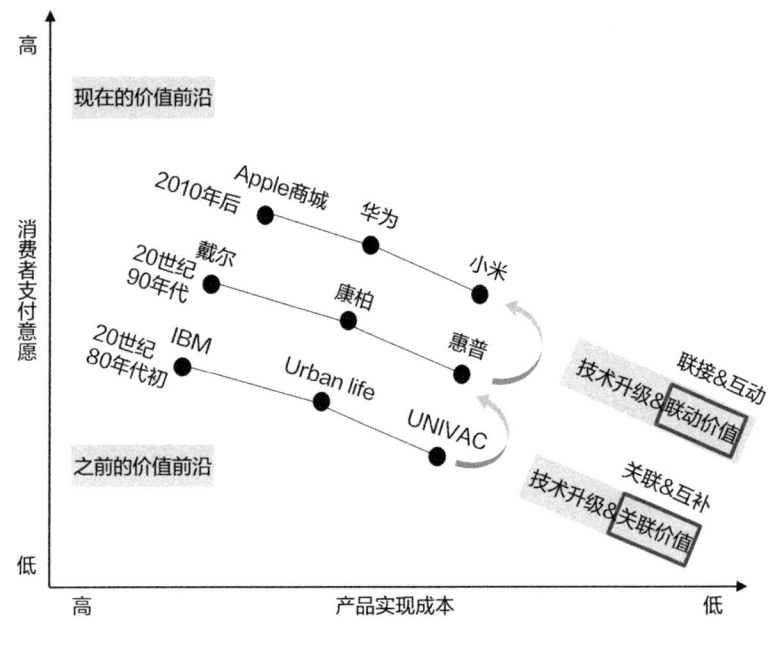

图6 智能终端的"价值前沿"

在个人计算机刚刚出现的20世纪80年代,IBM与Urban life等公司共同主导行业。IBM高强度的研发投入和市场营销保证了消费者的高支付意愿,并不断优化产业链上下游,降低成本,提升公司利润。IBM等公司共同组成了图6中最下层的价值前沿,企业内部依据价值链优化生产成本,外部根据价值棒改善支付意愿与供应成本,最终提升价值,简言之,企业以价值链、价值棒方式创造和获取价值。

进入20世纪90年代,计算机行业持续火爆,更多企业投身其中。企业生产分工愈加精细,模块化生产模式兴起。操作系统、芯片等领域分别出现Microsoft和Intel等公司,电脑生产和销售则被惠普、戴尔等企业抢占。以戴尔公司的兴起为例，为了满足消费者的个性化需求，戴尔与客户直接建立联系，提供定制化的方案和技术。在戴尔的主导下，消费者、供应商、互补者、企业共同组成相互联系的网络。随着通信技术的发展，企业合作范围极大扩展，关联互补者以更加高效的方式满足消费者的差异化需求。惠普、戴尔等企业共同构成图6中的第二条价值前沿。电脑行业价值前沿从价值链、价值棒的模式，跃迁至价值网模式。

此时，价值前沿的跃迁源于技术与生产关系的变化。在技术上是实现"技术升级"，在生产关系上是"关联"和"互补"。然而，不管是价值棒模型，还是价值网模型，它们所涵盖的主客体角色较为固定。价值棒中的供应商、企业、顾客各自属于价值链条上的不同环节，任务分明。价值网中主体间的联系更加多样，组织间的价值边界得以扩充，但模型中的企业、竞争者、互补者等角色分工明确。这些思想仍然将价值"禁锢"于产品的基本属性和功能之中。

随着第四次工业革命的到来，云计算、大数据和人工智能快速发展，行业边界已然不再那么清晰，企业及生态参与者摆脱了固化的角色，企业家和创业者来到一个VUCA的世界。此时，智能移动终端的普及让个人成为网络中相互连接的节点，信息能够实时共享、频繁交互，极大地打破了原有单个个体或组织的角色界限，消费者、生产者、供应商、互补者之间产生更快速、复杂的连接与交互。华为、苹果、小米等以意想不到的方式成为新主角。他们认识到价值的新空间，并成功打开这个空间。在这个空间里,价值逃脱了产品基本属性或功能的"牢笼",渗透至消费者、生产者、供应商、互补者甚至竞争者之间。

苹果、华为、小米等新生代企业的爆发,使产品宽度扩展至智能手机、平板、手表等穿戴设备及相互关联的生态产品,诞生了如苹果的App Store和线下体验店、华为的华为商城和"花粉"俱乐部、小米的小米商城和"米粉"贴吧等新的价值承载方式。在这些业务中,企业更为注重建立和维系一个包容性的系统,旨在与其他相关者广泛的联接、持续的互动。这些企业构成图6中最顶层的价值前沿,技术的升级为这些企业带来"联接"和"互动"的生产关系。此时,顾客不再局限于消费端,他们还可以成为生产端的"主角",参与设计、宣传等工作。例如,小米MIUI系统便是"米粉"们在互动交流中诞生的产物。这种形态冲破了价值网模型下"自我为主体,他者皆客体"的思维模式,消费端与生产端弯曲相连,形成一个个价值圈层。

价值联动战略:价值圈层

基于上述对比分析,我们提出"联动价值"这个概念,以强调价值的创造不仅来自产品的基本属性或功能,而且来自广泛的联接和频繁的互动。一方面,这种联接和互动在第四次工业革命的背景下已经完全可以低成本实现。人与人、人与物、物与物都能够轻松联接互动,突破时空和地域限制,介入价值创造的多个环节。另一方面，由于多维度共存、情景叠加的价值圈层取代了独立分割的线性流程，供应商、企业、消费者、互补者，甚至竞争者等传统价值生产角色需要被赋予新的理解。

这时，企业由发布命令者或控制者向指挥家角色转变。例如，苹果虽然拥有控制权与决定权，但并不会告诉开发者需要制作什么样的App，而是赋予开发者足够多的市场激励，提供资源赋能，开发者可以根据市场需求自由发挥。苹果正如交响乐队指挥家一样，把握好整体节奏，所有参与者的表演都相得益彰。参与者还能扮演更为丰富与多元的角色，成为价值联动者。例如，小米发烧友可以成为供应商，为生态链企业提供设计思路；小米生态链中的充电宝或智能家居等互补者，不仅作为供应端满足相应消费者的需求，同时也可以成为消费端，向小米和生态系统的其他参与者提出需求。某个参与者不一定拘泥于固定的角色与功能，而是可以自发地开展价值活动。这样一来，指挥家与联动者的价值联动过程就使得线性的价值创造活动首尾相接，形成了"价值圈层"（见图7）。在价值圈层中，价值棒的两端可以联接、互动，成为非线性的圈；价值网中的固定角色获得解放并成为活跃的联动者，如此持续交互促使圈层放大，形成多个圈层。这些圈层可以由内向外划分为"基本价值圈层""核心价值圈层""联动价值圈层"三种类型，我们以一家B2B企业为举例予以说明。

图7　价值圈层

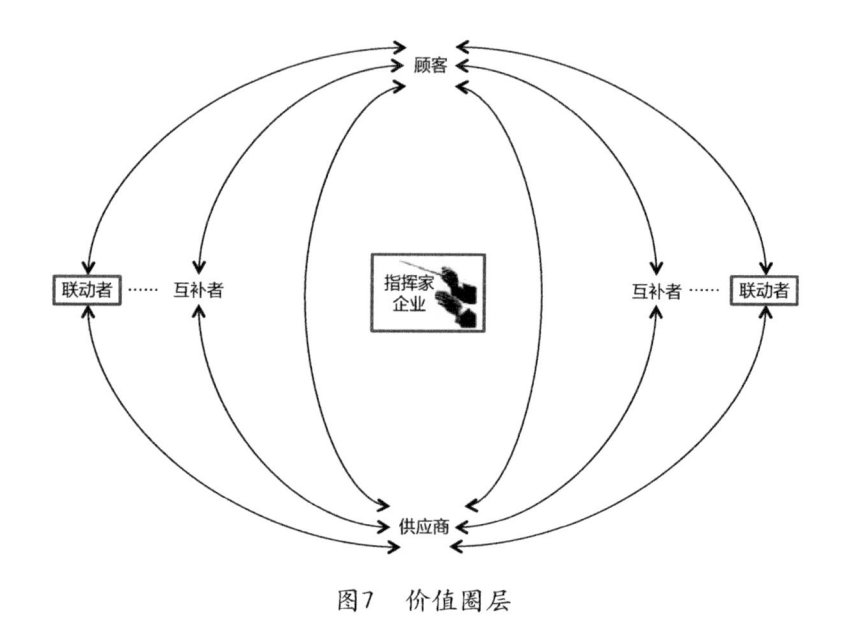

积微物联是一家大宗商品产业链服务公司，自2013年7月成立至今快速发展，成为中国最具影响力的大宗商品产业平台之一，年商品交易总额超千亿元。

由消费者、企业与供应商组成的基本价值圈层，尽可能多地让消费者和供应商参与进来。在积微物联构建的这个圈层中，结算、运输、仓储、加工等大宗商品流通功能成为最基本的功能，B端制造商（消费者）、积微物联（指挥家）、钢铁钒钛生产企业（供应商）共同组成基本价值圈层。

在中间的核心价值圈层中，企业打磨自身标签，互补者参与构建核心板块，提高运作效率，增强客户黏性。在积微物联的核心价值圈层中，平台属性建立，向外延伸寻求合作。2015

年，积微物联发力线上加线下模式，形成达海物流园与积微电商双平台，联合相关互补者共同组成积微物联的核心圈层。达海物流园是积微物联的线下实体，积微物联对外开放大宗商品流量，吸引了大量加工企业及第三方运力入驻园区，成为得天独厚的互补者。积微电商作为线上载体，将更多的大宗商品持有主体及金融机构等互补者纳入其中，极大地增强了平台流量。

在最外侧的联动价值圈层中，互补者、消费者、供应商角色不再固定，它们既可以是原料供应商，例如积微物联成立积微循环业务，让各方闲置材料得以重新进入流通循环；也可以是提供专业商品指数的互补者，例如积微物联通过大数据、区块链等技术综合平台参与主体贡献的商品交易数据，为整个产业生态提供专业的大宗商品指数；还可以是共同服务于潜在价值释放的联动者，积微物联极大地开放自身平台流量，吸引阿里云、平安银行、昆明铁路局、浙大网新、华为公司等生态成员共同推出钢铁大脑、供应链金融、公铁水联营、智慧园区、工业5G等前瞻性项目。这些生态成员作为联动者，角色更加灵活，功能可塑性极强，甚至可以构建新角色或承担多个功能，不断扩展价值新空间。

总体而言，价值联动战略不再像传统价值战略那样线性地决定价值，某种程度上这种新战略更像漩涡一般，基于最内侧圈层的产品的基本功能，中间圈层的核心板块，在指挥家与联动者的共同作用下持续创造外侧圈层，不断释放出新的价值。

价值圈层与价值棒、价值网

现在，我们把价值圈层与价值棒和价值网进行对比。首先，价值棒战略要求价值的产生有明确方向，即供应商提供原材料，企业整合生产，最终将产品输送至消费者，各个参与者一环接一环。这些企业的目标都很明确，根据自身对市场需求的理解，组织生产与销售。但是，价值联动过程表明价值的创造不一定有固定的起点与终点，供应商、互补者、企业与消费者，甚至竞争者会联动参与。客户可以提出需求成为价值释放的起点，其他节点也可能自主联动相关主体发起价值释放。

其次，价值网要求企业作为价值释放和创造的中心，企业将各个参与者相互分隔屏蔽，管理重点在于流程优化，安排客户、供应商与互补者按照既定标准运作。然而每个商业主体都有自身的评判视角，这代表着更多新价值存在的可能性。价值圈层里共存着多组价值联动行为，价值释放和创造的参与者不是一开始就给定的，而是在互动过程中逐渐明晰，任何联动者都可能成为某次新价值释放的中心。价值联动的"共性"要求指挥家与众多联动者交织在一块，共同创造和释放新价值。

最后，不同价值战略在参照系和企业边界的思维方式上存在显著差异。在价值棒模型中，供应商和用户职能角色固定，企业内部和外部环境关系清晰，企业的主要职能局限于采购、生产与销售。在价值网模型中，企业（自我）和其他参与者可以相互影响，互补者和竞争者使得内外部相互关联，企业的主要职能新增加了关联和互补。在价值圈层模型中，企业（自我）和其他参与者可以相互影响甚至互为转换，指挥家和联动者使得内部与外部相互融合，企业的主要职能新增了联接、互动与赋能。

结语

最后，我们再回到"特斯拉"们的估值问题。市场对大众等传统车企的估值聚焦生产端，是基于价值链与价值网的思路，而"特斯拉"们的估值打通了生产端与消费端，生产与消费首尾相连，不再固定。这是"特斯拉"们的估值需要以价值圈层与联动战略来进行理解的原因。能否承接乃至利用VUCA能量，才是其真正的价值衡量标准。

根据价值圈层的核心思想，在数字时代下，企业不应该逃避VUCA，而应主动拥抱VUCA。从价值棒到价值网是价值边界的突破，而从价值网到价值圈层则是价值参照系的跃升。在价值网中，不可能让别人始终向自己看齐，也就不可能有太多的发起者，而在价值圈层中，不一定要别人完全向我看齐，而是鼓励参与的每一个主体都要有一定的自主性。只要他的想法有价值、值得释放，大家就可以向他看齐。指挥家与联动者的互换，主动性的释放，就是参照系的变化，就是企业承接、拥抱、转化数字时代下VUCA原力的关键所在。

9 面向自动化的企业创新战略

新一轮自动化正在展开,这既是我国产业升级发展的机会,也是我国产业升级的必经之路。而自动化的实现,要求设备不只是在技术上融入企业,还要在组织和商业上融入企业。技术上的融入是基础,有客观标准,相对容易做到。组织和商业上的融入,是我国企业进行自动化要解决的重要问题。企业自动化要融入企业,需通过推动企业创新来创造价值。本文提出面向自动化的四种企业创新战略——红海创新战略、蓝海创新战略、黄海创新战略和黑海创新战略,并为我国企业面向自动化进行创新提出管理建议。

——王毅 | 文

2021年我国制造业增加值是31.4万亿元，比2020年增长9.8%，占GDP的比重为27.4%，比2020年提高1.1个百分点。我国制造业规模大、门类齐全，支撑其发展的是劳动力规模。近年来，我国多地多行业出现劳动力短缺、用工荒、招工难的问题，制造业首当其冲。人工成本呈现趋势性上涨，劳动力供需缺口呈现趋势性扩大，企业用工成本明显上升。叠加工业4.0的来临，从2013年开始，我国就成为全球工业机器人年新装机量最大的市场。2021年中国工业机器人新增装机量约为21万台，同比增长近20%。以工业机器人、产业互联网、物联网、大数据、人工智能等技术为基础的新一轮自动化正在展开，这既是我国产业升级发展的机会，也是我国产业升级的必经之路。

在我国企业的自动化过程中，技术问题的解决是最基本的要求。包括实施自动化的企业，以及自动化生产线供应商、工业机器人供应商、自动化咨询服务供应商，很多企业都发现，自动化方案的交付实施是难题，因为设备不只是在技术上融入企业，还要在组织和商业上融入企业。技术上的融入是基础，有客观标准，相对容易做到。组织和商业上的融入，是我国企业进行自动化要解决的重要问题。企业自动化要融入企业，需通过推动企业创新来创造价值。本文探讨面向自动化的企业创新战略，从组织和商业模式变化的两个维度，提出红海创新战略、蓝海创新战略、黄海创新战略和黑海创新战略，最后为我国企业面向自动化进行创新提出管理建议。

面向自动化的企业创新战略类型

企业实施自动化时，机器进入组织，形成新的人机协作，至少会从流程和结构两个方面带来或要求组织变化。流程方面涉及作业、制造、研发、物流、运维、服务、管理等环节。流程变化可以是某个环节的细微改变，也可以是某个环节的重构、多个环节的重构，直至企业所有流程的变化。流程变化的起点是人机协作的变化。例如，引入搬运机器人代替人工，并增加物料编码可回溯，原有的人机协作关系是"物料—人（搬运）—车辆"，新的人机协作关系是"物料—人（编码）—托架—机器人（搬运）—车辆"，流程内容变得更丰富，过程会形成数据记录，物料和操作（甚至每一个动作）都可以追溯。如果进一步自动化，编码打码工作也由机器完成，搬运场地全场视频监控和记录，只需要人员在中控室监测、物料变化时对操作流程进行适应性改变、非常态的人工干预，人机协作会进一步变化为"物料—编码打码机器人—托架—机器人（搬运）—车辆……视频采集……人（中控室监测、调整和干预）"。这样，作业流程和管理流程就可以结合起来，作业管理和作业流程之间的互动可以做到频率更高，甚至实时在线进行。因此，人机协作带来的流程变化会体现在某项流程内部和不同流程之间，分别称为"流程内容的变化"和"流程结构的变化"。

新人机协作带来流程变化的同时，会在员工岗位、协作团队、部门（车间）、公司等层面要求组织结构的变化。最基本的是岗位调整或岗位职责的变化，常见的有从体力劳动岗转变为脑力劳动岗、从一线作业岗转变为一线作业监测岗、从设备操作岗转变为设备维护岗、从管理岗转变为管理咨询岗等。在转变的过程中，会出现旧岗位的消失和新岗位的创造。随着生产效率的提高，在维持总产出不变的情况下，岗位数量是下降的。如果企业处于快速发展阶段，而且总量增长高于生产效率增长的话，岗位就会增加，这常见于新兴产业。协作团队会向人员减少、业务增加的趋势发展，因为每名员工的岗位工作范围扩大了，效率提高了。协作团队的规模和结构都可以发生变化，甚至出现一些新的协作团队，如工作现场监测团队。在部门（车间）层面，可以出现结构的调整、职能的改变，甚至可以设立新部门（车间），如有些企业新设立智能制造部。如果组织出现更大的变化，可以对整个公司进行结构调整，这需要在绝大部分流程重构或公司主营业务调整变化的情况下展开。

企业实施自动化时，商业模式可以同时发生或大或小的变化。商业模式的变化体现在价值创造、价值传递和价值分享三个方面。价值创造变化的核心是价值主张的变化，体现在为用户提供的核心价值的变化。例如，生产线自动化之后，更高效率地生产原有产品，带来的核心价值的变化就是成本更低，从而可以降低售价，用户感知到的核心价值变化是货币支出减少。另一种可能是，生产线自动化之后，用户能得到个性化定制的产品，感知到产品价值的增加，尤其是能参与产品定制，使产品更加符合自己的需求，即使价格提高了，如果跟用户感知到的价值提升相当，用户仍然感到满意。更大的变化是核心价值的迁移，例如从产品性能转向产品服务，从硬件性能转向软件性能，从产品技术性能转向使用便利，等等。自动化对用户核心价值的影响可以是自然发生的，也可以是企业主动利用自动化来提供新价值，甚至通过自动化来发现全新的用户价值，以此为基础推出新商业模式。价值传递的变化体现在运营方式的改变。例如，建设立体仓库，零部件从仓储到生产线的物流自动化，企业生产运作的方式发生改变，或者是对出售后的产品实施远程自动监测，售后服务转向预防性维护。更大的变化可以是由于自动化带来生产线效率的大幅度提升，产能可以在线共享，运营方式发生根本性的变化。价值分享变化的核心是交易结构的变化。由于自动化的引入，交易标的可以接近无限细分，结算可以实时在线，这为交易结构的设计带来更多可能性。企业可以主动利用交易结构的变化来改变甚至创造全新的商业模式。

  企业要实现自动化的融入，需要在自动化的同时，主动从组织和商业模式两个维度进行创新。根据组织变化和商业模式变化的不同组合，面向自动化的企业创新战略可以分为四类——红海创新战略、蓝海创新战略、黄海创新战略和黑海创新战略（如图1所示）。红海创新战略组织变化小，商业模式变化小；黄海创新战略组织变化大，商业模式变化小；蓝海创新战略组织变化小，商业模式变化大；黑海创新战略组织变化大，商业模式变化大。下文将对这些创新战略进行详细阐述。

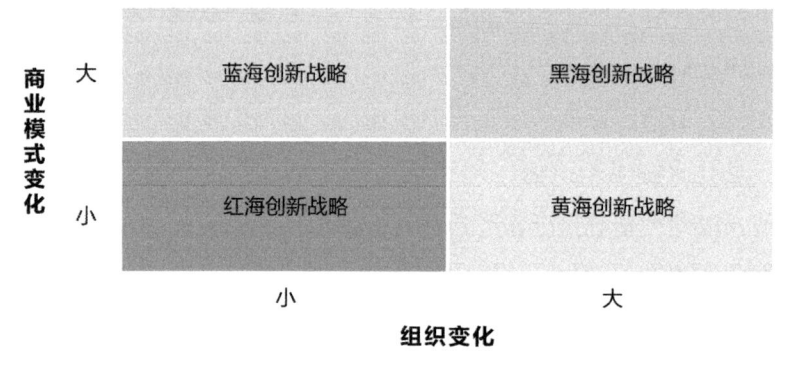

图1 面向自动化的企业创新战略类型

红海创新战略

红海创新战略组织变化小，商业模式变化小，是一种渐进创新战略，核心是通过自动化实现机器换人，以人工要素的替代达到降本增效的目标。红海创新战略以组织和商业模式的较小调整，把自动化融入组织之中，而不是简单地进行机器换人，让自动化被动消化。

组织变化首先是局部流程的调整，包括作业、制造、研发、物流、运维、服务、管理等一个或少数几个环节的流程内容和结构的变化，然后在员工岗位、协作团队、部门（车间）等层面进行组织结构调整。例如，企业引入自动分拣搬运、组装机器人、智能设计等，可以在物流、制造、设计等环节及其密切关联的环节进行流程调整和组织结构调整，形成依托于局部自动化的新型人机协作，完成自动化技术与组织的匹配适应。

商业模式的变化，可以是价值主张在保持和强化原有核心价值基础上，在低成本、高便利、高速度、高可靠性等方面微调，也可以是运营方式的较小调整，还可以是在交易结构上的改变，包括在交易频率、计费方式等方面的微调，提高交易效率。例如，智能电表的引入，除了让电表读数和用电量计算自动化之外，还实现了付费环节的前移，即使用前付费替代使用后付费，方便了阶梯电价和峰谷电价的自动化计算。

这里以两家制造企业为例，进一步阐述红海创新战略。这两家企业分别在物流和生产环节引入自动化，在局部自动化方面具有代表性。

案例1

一家汽车零部件制造企业使信息化手段与自动化设备相结合，建立自动化立体仓库，实现物料仓储自动化，并实施红海创新战略。

首先是仓库内部流程的改变。入库流程方面，原材料和生产零部件入库之时，物料接收实现自动化操作。物料都有编码，扫描识别码，自动化的立体库设备和软件会准确记录零件的入库时间、数量，及堆放位置。出库流程方面，生产中的物料消耗需求和需求的物料批次会由公司的信息系统传递给立体库，立体库自动化设备按照指令自动查找对应物料并安排出库消耗，物料交付系统指示人员按对应批次分拣并扫描确认。物料出库的编码、品类、数量和时间都有准确记录。

其次是与自动化仓储密切关联的生产流程。公司的生产计划会提前一天在ERP（Enterprise Resource Planning，企业资源计划）系统中发布，ERP根据不同类型的产品物料清单，对其所需要的零部件物料进行分拣需求展开，并根据生产时间安排，逐个将需求信息发布给立体库管理系统。立体库管理系统根据接收到的分拣需求指令，将指定的物料（厂家、批次、数量）自动铺货到分拣区域，保证铺货物料在时间和数量上的精准。铺货完成后，立体库管理系统将各种物料铺货的货位信息传递给MDS系统（物料交付系统）。物料分拣人员根据MDS手持终端的显示，进行物料的查找及对应数量的分拣，保证分拣出来的物料与生产计划所安排的工单产品需求一一对应，实现物料分拣过程位置和数量的精准。分拣后，通过自动化物流小车，物料精准按时传送到生产岗位。

除了自动化仓库的内部流程和生产流程外，公司对生产管理流程、物流管理流程的内容、结构都进行了调整。以自动化立体仓库为核心，公司以精准物流为目标对物流系统做出相应变革。除了自动化立体仓库中的岗位工作和协作团队变化之外，公司还主动对物流管理部门进行了调整，专门成立了"计划物流部"，设置物流策划工程师、包装设计工程师、物流信息工程师等职位，负责生产计划（排程）统筹、物流策划、销售物流、采购物流、生产物流等职责。在此基础上，公司成立物流质量管理团队，即物流变差减少团队，成员来自物流相关的各个部门，如制造保障部、品质管理部、生产车间等。遵循专门的物流质量围堵机制，对物流过程和生产现场发现的问题制定围堵措施，以保证精准物流的实现。

这些组织流程和结构的调整，也与公司商业模式的调整相适应。在商业模式方面，公司更好地为用户，也就是整车企业的核心价值服务，实现零部件的快速、准时、准量、高品质交付，同时实现自身运营效率的提升。引入自动化立体仓库三年后，经过落实红海创新战略，公司对整车厂家的准时交付率从70%上升至98.6%，为用户实现价值；同时，公司物流成本大幅下降，公司供应链物流（包装、运输及仓储/库存）成本降低了37.3%，内部生产资金占用降低79%，内部主要物流成本与销售收入的比值从17.58%降至9.03%。

案例2

一家钢铁公司进行高强汽车板生产车间自动化的同时，实施红海创新战略。

生产流程中，完成100吨转炉自动出钢，融入操作防错理念，通过钢车控制、安全连锁控制等模块，实现转炉"自动化炼钢+全自动出钢"流程贯通。汽车钢板冷轧机组生产"一键式操作"，实现"一键式轧制""一键式退火""一键式焊接"。生产流程跟订单处理流程实现自动连接，订单设计系统、生产计划排程系统、质量管理系统、工厂数据库系统、过程质量控制系统跟高强汽车板MES（Manufacturing Execution System，制造执行系统）、高强板自动天车系统实现流程贯通。生产流程和物流流程实施自动连接，高强汽车板库区全自动，无人天车系统实现库区管理标准化，自动吊装钢卷。而且，高强汽车板库区5G网络连接高清视频设备，接入企业局域网视频监控平台,实现无人天车高清视频的实时回传,使无人天车监测人员可及时、准确地观察天车运行状态。在此基础上,再实现生产流程和研发流程的连接。公司建立产品过程控制研究中心,针对钢铁冶金生产全流程工艺、设备、信息自动化进行融合研发,在研发环节就把产品生产模型建立起来,把工艺、设备、自动化结合起来,让产品研发和自动化生产车间流程实现紧密连接。

在组织结构上,创新搭建了以作业长为中心的作业区结构,根据管理幅度建立作业区,成为专业执行层,取消生产单位和作业区中间的分厂(车间)层级。

商业模式的变化是用户核心价值的改变和运营效率的大幅提升。钢铁厂能够更好地应对客户端细分市场变化,为客户提供产品定制化服务,实现钢轧一体化计划排程和精准交期承诺。公司提升用户价值的同时,钢铁生产线的效率提升,成本下降。例如,仅仅是高强板自动天车系统,就实现零吊伤,并减少70%的天车操作人员,年节省费用上千万元。

黄海创新战略

黄海创新战略组织变化大,商业模式变化小,企业以自动化为契机进行相对全面的组织重构,建立适应新人机协同的新型组织,但是在商业模式方面的调整比较小。流程和结构的变化涉及整个组织,自动化带来的是组织内部变革,企业大部分生产线进行自动化改造,甚至进行全面的自动化改造。商业模式的变化方向与红海创新战略相类似，调整的幅度可能更大一些，尤其是在运营效率的提高方面。

这里以两家制造企业为例，进一步阐述黄海创新战略。两家企业分别是代表高技术制造业的航天电子系统公司及代表传统制造业的钢铁公司。

案例1

一家航天电子系统公司攻克技术难题，推进非标自动化装备的自主研发与应用，全面实现物料存储与配送、电装生产准备、SMT印刷、SPI检测、贴片、回流焊接、清洗、自动搪锡、去金、波峰焊、三防、点封和各工序检验过程自动化，并实现生产、检验、测试过程数据在线采集。与自动化生产线相适应，公司进行了相应的生产流程和管理等方面的组织变革，建立新的人机协作关系。

公司自研生产管理MES系统，重新建立设计、工艺、物资采购、生产、调度管理等流程之间的关系。在此基础上，实现生产过程数据全集管理与智能分析，通过对现场设备、工具、人员等的全面管控，加快在生产管理、制造过程管控、数据交互、智能装备等方面的交互效率，实现流程驱动的精细管控和基于数据的决策管理。公司建立以"设备资源+工时+物料"为重点的弱约束条件下工序级任务排产模型，定义模型核心参数与排产最小数据集。公司以制造资源能力平衡为条件，通过系统反馈进行资源能力平衡的智能排产，以自动化设备有效运行时间最大化为目标，以各工站为单元，实现可视化最大优化的排产管理，缩短制造准备周期，提高交付率。管理系统支持从订单排序、任务排序、设备模具优选、计划方案优选4个维度进行启发式规则设置，制定与现场实际相符的计划结果，实现基于约束规则的生产优化排程。

案例2

一家钢铁公司以操作岗位"现场一律机器人"为目标，推进生产线的全面自动化。铁前系统实施高炉炉前机器人智能化技术，炼钢系统实施"一键式"全自动炼钢技术。在铁前系统中，使用炮泥自动加装、开口机一键开口、泥炮机一键堵口等新技术，实现液态熔融金属远程可视化、自动化、智能化作业。炼钢系统3座转炉全部实现自动投料、自动枪位控制，动态调整吹炼工艺。随着自动化的推行，产线作业由原来的经验化操作向程序化、数字化、标准化操作转变。支持现场机器人的是远程集中的操作室，建立统一数据平台，实现跨层级、跨系统的多源数据融合，连接33万余个监控点、1333个摄像头、25套AI BOX，形成4套制造执行系统、10套过程自动化系统、258套基础自动化系统的互联互通。

在生产线全面自动化的基础上，公司流程进行重组变革，实现所有流程的贯通，前后工序实现有机衔接。公司生产管理部门负责实施流程一贯管理，包括一贯合同管理、一贯计划管理、一贯质量管理、一贯物料管理等。与流程变化相应的组织变化，首先是一线作业岗位和远程集中控制岗位的变化，推进岗位整合优化，提高全工序操作集控水平。其次是职能管理岗位的调整。公司组织专人梳理并编制职能部门职责调整优化方案，通过部门讨论、公司领导审议后执行。例如，通过产品规范、冶金规范管理功能，现场取消纸质工艺卡，管理职能从各生产厂调整到制造管理部；烧结、焦炭工序质量检验委托管理，职能从生产厂调整到制造管理部；能源环保部新增配煤质量跟踪职能；经营财务部新增客户供应商管理职能等。涉及全公司各部门职能调整或优化达46项。

公司商业模式变化主要是运营方式的转变，带来运营效率的提升，人均产钢量、成材率、高炉燃料比、铁钢比、工序成本等效率指标都有改进。

蓝海创新战略

蓝海创新战略组织变化小，商业模式变化大，核心是商业模式创新。一方面是价值创新，为用户发现新的价值，为自动化实现新价值；另一方面是交易结构创新，利用自动化带来交易对象改变、交易颗粒度细化、交易频率提高等方面的优势。

与商业模式变化改变相适应，有组织流程和结构方面的变化，但相对较小。例如，以局部流程变化为原则，推出新商业模式。工程设备制造企业实施面向租赁经营的流程和组织结构变化，通过远程自动化控制、分时交易结构等实现商业模式创新就是此类。有些企业的自动化设施，先是自产自用，之后进行商业模式创新，并成立新部门或子公司，为外部用户服务。例如，日本很多工业机器人供应商，自己先是用户，有部门为内部提供工业机器人产品，后来发展为对外销售的机器人供应商。川崎重工成为机器人和自动化设备供应商，就是如此。富士通旗下的发那科公司（FANUC）是全球数控机床的生产盟主（产量占全球市场一半左右），也是伺服马达的领导企业。它加入生产机器人的行列，最初的目的是想满足自己的自动化需求。所以，有些部门，如质量检验部门，先在公司内部实现质量检测自动化，以大幅度减少质量检验部门的工作量。自动化实现之后的质量检验部门，可以成为独立的子公司，为整个行业的质量检测提供设备和服务，实施蓝海创新战略。

下面以沈阳机床为例进一步阐释蓝海创新战略。

沈阳机床从底层技术源代码算法做起，完成核心技术突破，开发具有互联网特性的数控系统。沈阳机床推出基于i5的智能机床系列产品，包括i5M1、i5M4、i5M8、i5T1、i5T3、i5T5等6款高辨识度产品，构成智能机床家族。沈阳机床确定以自动化的智能机床为基础，进行商业模式创新，实现蓝海创新战略。为此，组建尤尼斯公司作为i5的销售平台和商业模式创新实施组织。具体来说，就是沈阳机床与地方联合投资建立数控加工平台，依托i5智能化控制系统，以分布式数控技术为基础，通过集成工业大数据实现工厂全数字化管理及人机互联互通，形成"即需即在、即时分享"的智能制造新生态。平台面向多个领域的终端客户，付费形式按加工时间、数量、价值等均可。数控加工中心设备型号可以覆盖车床、立式加工中心、卧式加工中心、立车、五轴五联动、行业专机等机械加工设备，并拥有高端精密检测设备共享中心。"即需即在、即时分享"的智能制造平台，为客户提供网络化的智能生态体系，打造出新的商业模式。这种智能制造催生的装备是核心，最终分工是本质，形成了新的分工体系。沈阳机床提供平台，实现个体的创业和创新，在其中可以集众家的智慧创造价值，并最终实现共同分享。

黑海创新战略

黑海创新战略组织变化大，商业模式变化大，核心是新组织新价值，由自动化带来全面的组织变革和商业模式变革。智能革命下自动化的未来是实现个性化生产，用个性化智能生产线满足用户个性化需求。

下面以长虹的显示产业基地为例，进一步阐释黑海创新战略。

长虹的智慧显示工厂是中国最先进的智能电视机大规模定制生产线。生产线上所有关键工序都采用了自动化设备来保障产品品质和提升生产效率。长虹智能工厂将原材料立库、整机生产线和成品立库进行无缝集成。整个生产制造流程包括生产排产、工艺流程、采购清单、物料准备和成品仓储等都实现了自动互联。工厂以用户为中心，从前端的零部件加工到整机装配、检测包装、成品入库，以及物流配送，实现整个生产的闭环。工厂总装线采用多阶段混联的生产模式，一条生产线上有6个并行工位，可同时生产6种不同的产品，一天可生产1100个产品。整个工厂共有9条这样的总装线，一年就可实现600万台个性化订单的生产。整个产线不是升级，而是重造。长虹智能工厂全面引入智能制造技术，再造工艺流程，打造制造工厂物流中心化。应用工业机器人、机器视觉、边缘计算等5G与工业互联网技术，全面支撑"5G+工业互联网"智慧显示终端大规模定制化柔性生产。公司全面系统地组织员工进行培训，使其适应新生产线的人机协同。

从商业模式创新来说，长虹智能工厂专注于业务整体效能优化，将人力、物力及工具能力等转化为效率提升，并在智能研发、智慧供应链、智能制造等方面以大数据驱动企业经营与管理，打通各环节数据壁垒，实现企业研销产供集成一体化管理，真正做到订单制，迎接大规模个人化定制。这将是大规模生产的商业模式的大突破。

实施面向自动化的创新：给中国企业的管理建议

自动化是我国企业，尤其是制造业企业迈向智能革命时代的必经之路。自动化不仅是技术问题，企业要从管理上应对新的人机协同。企业在战略上把握自动化，可以从商业模式和组织两个维度的变化来进行。自动化、组织和商业模式的协调匹配，不是简单完成机器换人或者生产线的无人化。在进行自动化的同时，我国企业要关注用户价值，驾驭从红海走向蓝海、从黄海走向黑海的机会。

关注用户价值

企业进行自动化的过程中，能够相对自然地考虑提高运营效率、降低成本、提升质量等，也就是降本增效。其实，用户也是自动化的利益相关者。自动化的投入，最终还是要得到用户的认可。企业可以站在用户的角度思考自动化给用户带来的价值是什么，用户需要的价值如何用自动化来满足。智能革命来临，用户需求向个性化演化的趋势明显，如何用大规模生产的经济性来满足个性化需求，自动化在其中可以发挥重要作用。

用户参与产品或服务的生产、创造过程，并把这个过程自动化，可以成为满足用户需求的下一个发展方向。用户的个性化需求甚至可以是实时的，也就是说，用户并不是一定要拥有某个产品，而是在某个特定场景、特定时刻需要使用某个产品的某个功能。这样的即时用户需求满足，是更高要求的用户价值，企业自动化、组织和商业模式的变化更大、要求更高。因此，对用户价值的关注，可以从两个方向进行：一是从企业正在进行的自动化开始，以自动化来驱动用户价值；二是从用户价值出发，以用户价值驱动企业自动化。

从红海走向蓝海

企业面向自动化实施创新战略时，可以主动从红海创新战略走向蓝海创新战略，探索为用户带来新价值的商业模式。一个方向是从制造转向制造和服务运营。例如，复杂产品装备，甚至是复杂产品装备的零部件，可以基于自动化找到新商业模式。风电设备制造商可以为风力发电场进行定制设计，并在风力发电场运营过程中基于数据自动采集，对发电设备进行预维护，甚至发展到对风力发电场的运营管理等。另一个方向是由出售转向出租，用户按照实际使用设备或产品的时间、次数、工作量等方式付费。还可以从用户参与设计、用户参与制造过程（如视频追踪自己购买的产品）等，为用户带来新价值，从重视效率的红海创新战略转向重视用户价值的蓝海创新战略。

从黄海走向黑海

企业全面自动化是企业发展的战略事项，黑海创新战略的成功实施让全面自动化的企业有机会引领未来。已经成功实施黄海创新战略的企业，可以考虑探索黑海创新战略，以全新商业模式为用户实现全新价值。在价值主张方面，企业要把握用户核心价值的发展方向，甚至是创造用户没有意识到的核心价值，这需要企业有能力、有雄心，而且敢于冒险。在运营方式方面，充分把握自动化给运营带来的变化，让运营过程中的要素颗粒化、人机精准多维协同等为用户价值服务。在交易结构方面，发挥自动化带来的精准、实时、在线、智能等优势，让交易结构更好地为用户价值服务。黑海创新战略是企业通过全面自动化，成为智能革命时代的领先企业的重要途径，是我国企业实现全球领先的重要机遇，具有重要的时代意义。

10 构建面向数字创新的知识生态系统

在数字创新环境下,传统核心企业主导的知识生态系统逐步走向全面开放式数字化的知识生态系统。本文尝试构建面向数字创新的知识生态系统理论框架,解构数字创新环境中知识生态系统的核心要素与核心特征,探寻数字创新环境下知识生态系统的主导模式与运行机制。

——阳镇 许睿谦 陈劲 | 文

新一轮技术革命的背后是新一轮技术经济范式的形成与演化，即由大数据、移动互联网、人工智能、区块链等数字智能技术牵引整个经济社会形态的变革与演化，形成数字经济、数字社会及数字产业等多重经济与社会结构。这一次技术革命不同于第一、第二次工业革命，第一、第二次工业革命主导的是能源技术革命，衍生形成的是单独的产业部门，新一轮技术革命不仅能衍生出数字产业等核心生产部门，还能形成基于技术融合的产业业态融合的多重数字生态。

相应地，企业开展技术创新的范式也逐步演化为基于数字技术开发与场景深化应用的数字创新。数字创新过程中主体加速耦合，呈现出数字化、网络化及创新组织生态化等特征。从数字创新的本质来看，其过程是基于数字智能技术形成的全新知识与技术要素涉入企业生产函数之中，重塑整个新古典经济增长函数与创新增长函数，改变传统生产函数的要素类型与要素配比变化，进而重塑与延展传统企业创新过程中的要素类型与资源基础。

在数字创新的创新环境下，组织创新面临更为复杂多元的市场环境与制度环境。如果仅是依靠单一的产学研主体、企业间合作的知识创新，企业显然无法满足数字创新的复杂性制度需求，以及多元化、个性化的用户需求。传统知识创新手段在数字创新环境下越来越单薄无力。基于知识基础观，创新的本质是知识的发现和知识的整合与应用，是开展知识搜索、知识整合、知识转移及知识共享与创新的系列过程。在数字技术驱动的数字创新环境下，组织之间逐步从个体间的知识交互、组织种群间的知识交互、联盟伙伴之间的知识交互转化为基于数字创新生态的知识交互，此时基于企业个体组建的小知识生态转变为真正意义上的开放式、数字化的知识生态系统。

本文尝试构建面向数字创新的知识生态系统理论框架，解构数字创新环境中知识生态系统的核心要素与核心特征，探寻数字创新环境下知识生态系统的主导模式与运行机制。

迈向知识生态系统

生态系统理论最早可以追溯到20世纪30年代，引申自自然生态系统这一概念。1935年，英国学者坦斯利（Tansley）提出，生态系统是完整的系统，且生物所处的有机环境与无机环境之间并不是孤立和静止的，它们之间相互制约、相互联系，处于不断运动和变化之中，并一定程度上实现信息流、能量流及物质流的循环传导，最终形成相对稳定有序的结构。

20世纪末，商业领域的研究者看到了自然生态理论在商业运行过程中的适用性。1993年，莫尔（Moore）认为商业世界同样遵循自然生态系统的运行规律，提出商业生态系统是包括商业个体、市场组织、政府及规范商业行为的其他制度环境、政策等构成的经济系统，由具有差异性交互关系的各类主体与组织构成，如生产者、消费者、服务商、政府组织、社会组织等。在此基础上，艾安斯迪（Iansiti）和利维恩（Levien）提出，企业的成功往往是因为形成独特的业务网络，这种网络是由供应商、分销商及外包商等多主体构成的商业系统。因此，商业生态系统包括生产者、消费者、分解者、市场环境，以及进而形成的市场要素流通、信息流通、技术流通和产品流通的运行机制。与此同时，正如自然生态系统一样，商业生态系统随着主体之间交互关系的变化而自然演化。因此，商业生态系统同样具备非线性以及不确定性，需要立足非线性观审视商业生态系统。

技术创新领域的学者将知识作为解释企业竞争力与商业成功的重要因素，认为企业不仅是商业生态系统中的重要市场主体，也是开发技术、发现知识、应用知识的知识主体与技术创新主体。企业兼具市场属性与知识属性，一定程度上属于知识的集合体。

相应地，在创造价值的过程中，企业必然与所处的知识环境中的各类知识主体开展连接、交互及共创，形成基于知识生产、知识消费、知识转移、知识流动与分解，以及知识创新演化的知识生态系统（见图1）。知识生态系统内的各类知识主体形成相互作用、相互依赖以及共生演化的系统结构，最终以知识创新与知识应用为目标实现知识生态系统的扩展与迭代升级。

具体来看，知识生态系统与自然生态系统功能类似，均具备生产功能、消费功能和分解功能。知识的生产依赖于知识个体与知识组织，包括科学家（研究者）、知识团队、企业组织、社会组织及高校与科研机构等。不同知识个体与知识组织形成差异性的知识种群，基于知识交互创造知识价值，进而创造知识的经济价值、社会价值和环境价值等。

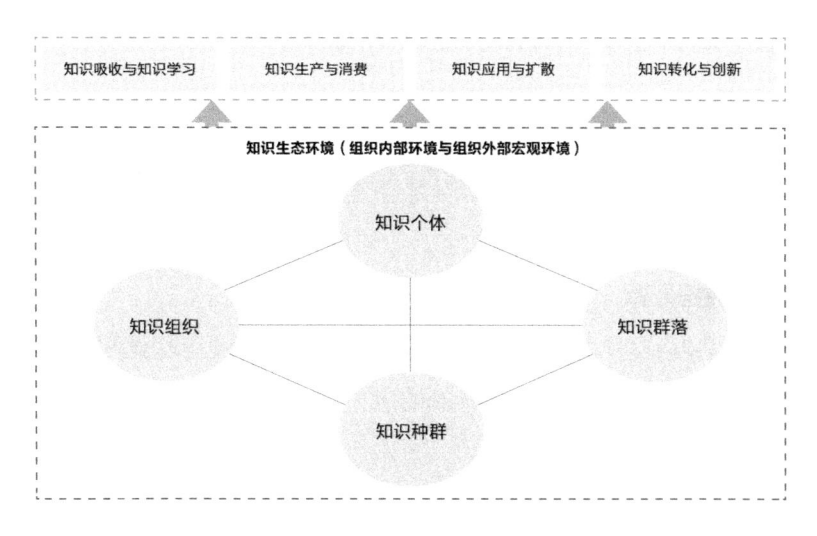

图1 知识生态系统的构成与主要功能

知识生态系统按照开放程度可以分为开放式知识生态系统与封闭式知识生态系统。不管是开放型还是封闭型，知识生态系统内的知识主体都拥有异质性的显性知识与隐性知识，且每一类参与者都能通过生态系统内的知识学习效应、知识吸收效应及知识扩散效应不同程度地从生态系统中受益。比如，知识生态系统从半封闭式走向完全开放式时，不同知识主体的链接结构，以及多个参与者之间的关联网络均会发生变化。随着开放程度与交互边界的变化，不同类型知识主体跨组织、跨模块、跨边界开展知识合作与知识互动的程度也将随之改变，进而影响知识主体开展知识吸收、学习与知识共享边界的变化。

数字创新环境下的知识生态系统

数字创新环境下，知识生态系统的核心要素

数字创新环境下，知识生态系统的核心要素包括数据、数字技术与数字基础设施、数字企业与数字文化。

数据要素

2020年3月，中共中央、国务院发布的《关于构建更加完善的要素市场化配置体制机制的意见》提出数据为新的生产要素，即区别于土地、劳动力、资本、技术的第五类生产要素。数据要素成为数字创新环境下企业开展数字创新（数字技术创新、数字应用场景创新以及基于数字技术的商业模式创新等）的关键性生产要素。

从知识的视角来看，数据是生成信息与知识的基础原料，能够基于数字化的方式承载一定的信息与知识。通过搜集数据、分析数据、挖掘数据，企业能够获取相应的知识与信息。数据转化为生产要素的前提是企业投入相应的数据资源用于生产与服务。数据作为一种要素纳入企业生产函数体系之中，成为企业的基本投入。随着投入程度的加深，传统单个分散型数据逐步从数据集、数据资源、数据资产成为数据要素与数字资本。这一过程本质上是对数据利用的深化。在数字创新环境下，数字创新的本质是企业基于数字智能技术开展新的技术研发或者数字场景的创新，实现数字技术、数字产品、数字服务、数字商业模式的全方位创新。

数据要素支撑企业数字创新过程中的知识积累与知识创

新,主要表现在两个方面(见图2)。

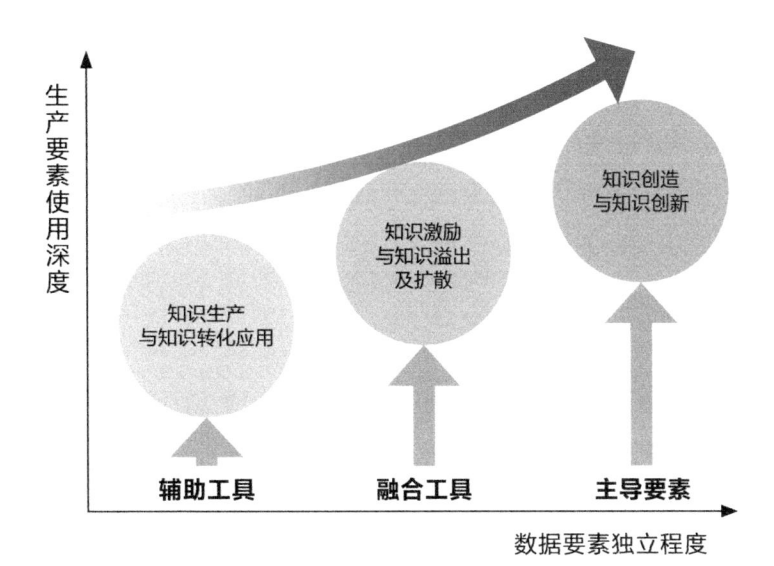

图2 数据要素支撑知识要素深化的"三阶段"

第一,数据是知识要素的辅助载体或者辅助工具。传统知识呈现出离散化的特征。数据要素能够准确地记录知识流动的基本过程,动态地追踪知识的来源主体及主要分布;能够为企业开展知识搜索提供基本的承载工具支持。知识的转化与应用依赖于基于数据要素的知识管理,包括对知识主体的精准激励,以及对知识收益的精准计算等,降低了知识管理过程中的交易成本。

第二,数据要素降低了强化知识要素的溢出效应。在非数字创新环境下,企业知识流动相对封闭,企业间的知识流动仅限于一定的合作契约及知识协议等。在数字创新环境下,数据要素能够强化企业在知识溢出与知识扩散过程中的网络效应；能够动态地整合企业开放式创新网络中的知识资源；能够使各类知识主体的异质性数据资源逐渐成为生产知识的关键性生产要素。此时，数据要素不仅能为企业激活知识赋能，还能独立地为企业或者知识组织创造生产效应，即通过对庞大数据的数据挖掘实现新的知识价值创造，实现基于数字化知识的组织生产与组织创新。

数字技术与数字基础设施

数字智能技术对数字创新环境下的知识生态系统的支撑主要体现在三个方面。

第一，数字智能技术能够融入知识管理系统。知识管理是以企业为基本单元开展对知识捕获、知识学习与吸收、知识整合与知识共享等过程的管理，涵盖对隐性知识、显性知识的管理。通过有效激活知识要素在企业生产函数中的价值创造经济产出或者非经济产出，实现企业价值创造目标。数字经济融入企业知识管理系统意味着知识捕获、知识学习及知识整合与共享过程在一定程度上被数字智能技术所颠覆。企业中的知识管理者不再是知识的被动接受者，而是要扮演大数据、算法知识等专家角色。知识管理的基本载体被数字知识平台替代，一定程度上能够快速响应组织内外相关知识主体对异质性与个性化知识的需求。由于数字智能技术充分嵌入组织管理系统之中，各类知识主体能够在数字生态圈中跨时空、跨主体、跨机构、跨部门地开展实时的知识共享，由此可以在一定程度上延展野中郁次郎（Nonaka）在1994年提出的SECI（Socialization,

Externalization，Combination，Internalization）知识创造模型（见图3）。

图3 基于数字技术与数字基础设施的知识创造

第二，数字智能技术可以打破企业"知识孤岛"。企业在运营管理过程中，不同程度地面临知识碎片化、分散化的知识孤岛态势，这与数据保护、知识产权保护等有关。一些关键性知识被隐藏于特定的组织空间、特定的组织研发部门、特定的生产部门与业务部门之中。数字智能技术有助于企业打破"知识孤岛"，即通过标准化的数据接口及知识共享平台，快速地整合各类组织空间、组织模块、组织部门的各类显性与隐性知识。企业因此可以完成各管理模块、各业务系统之间的互通互联，实现数字化驱动的知识泛在链接与精准服务。

第三，数字智能技术与数字基础设施可以支撑企业更好地开展知识管理。在数字智能技术驱动下，传统知识挖掘工具有了全新的技术支持与载体支持。知识流动的可视化,以及知识挖掘的透明化,成为知识挖掘的全新表征。基于数字智能技术,企业能够快速对外部用户、供应商、消费者及其他互补者开展精准的知识挖掘,并迅速捕获吸收;能够提高知识加工的深度及知识传递与学习的效率,改善企业知识捕获与知识学习吸收的能力,进而重塑企业数字化知识管理能力,形成面向数字智能技术驱动的"智慧知识"大脑。

数字企业

数字创新环境下,一个重要的组织范式变革便是传统企业迈向数字企业(Digital Enterprises)。数字企业与传统企业的关键差异在于数字企业能够利用数字技术开发相应的数字产品及数字服务,实现基于数字化的经济与社会环境价值创造。

数字企业存在广义和狭义之分。狭义的数字企业主要是从事研发设计数字智能技术的企业,包括算法研发类企业,即人工智能企业、互联网企业、大数据公司及区块链研发设计公司等;广义的数字企业不仅包括从事数字智能开发设计的企业,还包括基于数字智能技术开展数字化转型的传统企业。数字企业创新不仅包括基于数字智能技术的知识创新、技术创新与数字产品创新,也包括基于数字智能技术的应用场景创新、数字商业模式创新、数字管理模式创新、组织创新及流程创新等,两类创新的核心差异在于数字作为生产要素作用的渠道及应用范围。

在数字创新的知识生态系统中,数字企业成为牵引数字创新的主要知识主体,包括从事知识存储、知识开发应用、知识创造与创新的关键知识主体。以人工智能企业为例，人工智能企业能够基于算法开源平台，不断吸纳不同的用户参与算法的设计与优化迭代，即通过塑造数字开放式创新网络实现知识捕获及知识学习吸收。为此，人工智能企业可以通过智能化、平台化及个性化的参与方式，撬动整个创新生态系统中的知识用户，使其融入知识生产、知识应用和知识创造与创新的过程之中。

数字企业可以在学习方式上创造关键性变革效应，体现为数字企业能够形成"元知识"及"元学习方式"。以"元知识"为例，伦纳迪（Leonardi）将社交媒体中出现的"谁知道什么"和"谁知道谁"定义为元知识。在企业知识生态系统中，元知识意味着能够准确识别知识主体的知识边界问题。相应地，数字企业能够支持知识生态系统中的元知识构建，通过搭建元知识平台增加生态系统内成员间的知识透明度，实现知识的即时搜集与即时共享等。

数字文化

在数字创新环境下，一个关键性的非正式制度支撑是数字文化。数字创新环境下，数字文化之所以重要，是因为各类知识主体之间的互动在一定程度上是跨区域情境、跨制度情境、跨文化情境的。在参与知识生产、知识消费、知识共享和知识创造与创新的过程中，知识主体的行为模式及利益考量不一，甚至由于制度的差异性存在知识冲突或者知识交互过程难以融合等现象。数字文化作为开放性、共享性、包容性及互动性的新型文化，能够使各类知识主体在同一生态系统内实现知识的创新与创造。

数字文化有狭义和广义之分。狭义的数字文化是基于数字技术的文化活动，表现为特定的文化现象与文化塑造过程。广义的数字文化是数字技术与数字工具衍生的新的数字政治文化、数字经济文化、数字社会文化等多重文化现象与文化内容，是传统文化在数字化时代的拓展与延伸。

数字文化有助于知识生态系统的建构与治理，主要体现在两个方面。

第一，数字文化可以促使知识主体参与知识创造。如果数字文化具有包容性和开放性，那么便可以使具有异质性能力的知识主体融入其中并参与知识创造。在数字文化情境下，高度开放性与包容性保证了各类知识主体参与的平等性，以及知识获取的普惠性，最终在知识生态系统中实现真正意义上的知识共享。

第二，数字文化可以赋能知识创新生态的知识治理。数字文化情境下，产生了一种全新的治理范式，即数字治理。数字治理不同于传统企业间创新的协同治理或者联盟网络治理，其能够打造基于数字生态圈的数字场域，实现面向数字创新生态圈的整体性治理与生态化治理。在治理过程中，数字生态内具有异质性能力与不同诉求的知识主体能够参与同一问题的解决过程之中，立足数字文化重构生态内不同主体的信任机制、协同机制与耦合机制，进而逐步打破单一知识主体的知识独占性与知识垄断格局，强化知识主体之间的开放、协调、合作与共享。

数字创新环境下，知识生态系统的关键特征

在数字创新环境下，企业所处的知识生态系统具有五大关键特征。

第一大特征是知识创新过程的开放性。由于数字智能技术的高度开放性与渗透性，知识创新过程的开放性表现为多重开放，包括主体开放、数据资源开放、知识交互开放等。

主体开放指满足既定开放标准的知识主体（知识个体、知识组织等）都能参与知识生态系统之中，成为其中的特定节点。

从数据资源开放来看，知识主体在知识搜集、知识整合及知识创造的过程中，必然需要依赖相应的数据资源，通过数据资源进行所需知识的捕获与识别、知识互动与反馈等。数字创新环境下，产业跨界创新、企业跨界创新成为常态，单一类型的知识已经难以满足生态系统内的市场需求，多学科领域的融合型知识成为关键知识内容。因此，未来必然的趋势是依赖数据资源实现多学科知识的标准化，进而通过相应的数据平台实现多学科知识的转化整合与交互融合。

从知识主体交互空间开放来看，传统知识生态系统内的知识主体局限于特定生态位、特定组织空间范围内的知识交互，而数字创新环境下，单一知识主体特定的组织空间被数字化彻底重构，立足线上线下融合的数字空间成为知识主体开展知识交互的全新空间。

第二大特征是知识来源的多样性与复杂性。数字创新环境下，不同类型知识主体被包络于知识生态系统之中，包括传统意义上的知识个体（研究者、科学家等）、知识组织（高校、科研机构、企业、公共组织与社会组织等）以及数字用户、消费者、数字企业等。多类型知识主体的充分交互与耦合，不仅扩展了知识边界，而且衍生出了知识交互与融合过程中的复杂性知识。

第三大特征是知识应用的适应性与演化性。数字创新环境下，知识主体需要不断扩展数字应用场景，寻找赋能空间，这必然要求实现跨界、跨组织知识体系的相容适应，共生共演，实现知识生态系统的不断演化与迭代。

第四大特征是知识传递的韧性与敏捷性。在数字创新环境下，由于创新环境的高度动态性与复杂性，知识传递的韧性，即知识应用的柔性化程度，以及动态创新性程度非常重要。在数字创新环境下，由于用户需求迭代速度更快，知识传递必然需要满足快速响应与即时传递的敏捷性特征，保持知识传递的灵活性，确保传递过程的效率最大化。

第五大特征是知识创新环境的共生性。在数字创新环境下，不同类型知识主体的存在一定程度上符合共生环境的要求，它们面向的是同一数字创新的系列市场需求与用户需要，在交互过程中形成知识交互、资源交互、价值交互的共生群落。

构建数字创新环境下知识生态系统

数字创新环境下，构建知识生态系统，可以选择的主导模式主要有数字平台企业主导式、大中小企业融通式与用户主导式。

数字平台企业主导式

与传统企业组织不同，数字平台组织能够最大程度地链接双边市场及各类知识主体，实现不同类型的知识主体在统一数字平台场域内的知识交互与价值交互，促使跨边知识主体共同创造新知识，以及进行新的知识应用。由此，数字平台企业主导式成为数字创新环境下知识生态系统运行的主导模式之一。

数字平台企业主导式的知识生态系统关键的运行机制主要有两类。

第一类是开放式创新，即数字平台通过打造开放式知识创新系统，广泛吸纳不同知识主体参与知识平台创新系统之中，以数字平台为载体实现知识搜集捕获、知识吸收与学习、知识整合与共享及知识转移的全过程开放。各类知识需求在开放式知识生态系统中能够快速得以满足，如数字平台主导的知识数字社区、开源平台等便是例证。开放式创新机制下，数字平台需要处理好开放度与控制度的问题，即寻求最佳的开放治理模式，以确保知识主体参与的意愿及效率。

第二类是平台价值共创，即数字平台通过确立主导知识需求及知识应用场景，链接不同类型知识主体广泛参与其主导的细分场景之中，实现不同知识主体之间的知识交互，进而共同创造价值。平台价值共创机制运行的关键在于知识创新与应用场景下不同知识主体的共创价值分配，需要构建合意的分配体系完成价值分配。

大中小企业融通式

传统协同创新范式下,知识生态系统运行以知识协同为基础,解决了不同类型知识主体在面向同一知识需求或者市场需求过程中的协作方式问题,但是难以解决知识被不同类型的主体吸收学习,以及知识在整个知识生态系统中的整合程度与应用价值效益等问题。传统协同创新范式下,知识协同难以有效解决知识独占性及知识孤岛对生态系统的整体价值带来的系列负面问题。融通式创新是区别于开放式创新、协同创新的新创新范式,其主要目标在于实现不同创新主体与知识主体之间的深度融合而非简单的协同与合作,真正意义上实现不同知识主体与创新主体在生产要素、战略导向与价值主张、价值创造等方面的真正融合。

在数字创新环境下,数字创新需要的不仅是基于数字技术的知识,还需要数字产业赋能过程中的产业化知识,以及社会化过程中的社会性、文化性知识等。面向数字创新的知识生态系统不是单一核心企业独占式的知识获取、知识吸收及知识整合与创新的模式,而是不同业态中的大型企业与其所处产业链上下游企业,或者其他互补者之间的相互融合、共同解决相应知识需求问题的模式。融通式创新面向特定的市场需求或者知识需求,融合各类知识主体的异质性资源及要素,实现要素融通与知识融合,进而形成一体化的解决方案。

以人工智能产业为例。人工智能产业的关键核心技术的基础是数学、数据科学、计算机科学与技术等学科领域形成的独特的算法、数据结构及训练模型等,但是其形成的产品与服务必然需要扩散到其他商业场景之中。以"AI+"的知识赋能模式推动人工智能产业的持续发展,这一过程主要依赖AI龙头企业开展关键核心技术研发与前沿基础科学研究,产业链其他企业在测算环节、验证环节及应用环节广泛参与知识贡献,从而形成面向人工智能知识生态系统的知识扩散效应,进而产生更为广泛的知识与技术的赋能价值,促进产业内具有颠覆式意义的创新产品与技术的涌现。

用户主导式

数字创新环境下,用户不再是知识的被动接受者及知识需求者,而是涵盖知识生产与知识消费的融合者,甚至一定程度上用户成为知识创新的主体。相应地,基于用户主导的知识生态系统成为数字创新环境下知识生态系统的核心构成。

实质上,用户主导的知识生态系统主要是基于创客的知识共享数字社区、数字知识共享平台等。知识共享数字社区的主要用户包括自发零散型的知识个体,这类个体大都以体验、知识社交为目的,自发地在所处的知识社区中传播知识,建立知识分享社群,发起知识解决方案等。数字创新市场上的用户主要为创客团队。在数字创新背景下,用户自我驱动的内部创新创业成为常态,创客团队基于特定的产品目标、服务目标及技术目标等自我组建相应的知识团队,形成较为丰富的知识网络,实现相应的知识整合、知识应用转化及知识价值创造等目标。例如,海尔创客实验室、小米开源硬件俱乐部等创客平台都是基于用户市场需求主导的用户主导式知识生态系统,均集中在特定领域开展相应的知识主体集聚与知识交互及共享。

对于用户主导的知识生态系统而言，其关键运行机制是知识分享机制。这意味着用户主导的知识生态系统需要激活用户的参与意愿及用户的可持续知识分享机制，这也关系到用户主导的知识生态系统能否顺畅运行。

11 实现工业5.0：人机融合新关系的构建

工业5.0的发展将打造全新的制造现场，人与机器的关系也将进化到"融合"的新阶段。当前，以人为本、以人为中心的人机融合制造已初见端倪，美、日、中和欧洲必定围绕相关技术研发和应用场景系统开发展开激烈竞争，并主导工业5.0框架下人机融合制造的技术路线、技术标准和商业模式。

——邓洲 | 文

不同于以往的新科技革命和产业变革

与以往的技术浪潮和产业革命追求高效率、高产值和低成本存在明显区别的是，当前，各国在制定应对新科技革命和产业变革的战略和政策时，不约而同地突出"人"的核心价值。一方面，技术进步和产业升级的目标是人的生活更美好，而不是单纯追求效益和效率的提高；另一方面，技术的使用尊重人的动作习惯、满足人的发展需求、减少人的脑力体力支出，在生产过程中形成更加和谐的人机关系。作为著名"无尽前沿法案"的替代和延续，"2021年美国创新与竞争法案"同时提到加强人机交互和机器自动化的技术研发和应用，改善以工业为重点的工作环境。欧洲国家有注重人性释放的传统，欧盟2020年版本的"地平线计划"特别重视利用新技术改善人的发展环境，创建具有创造力和文化包容性的社会，而工业要提供更加人性化的工作岗位。日本文部科学省发布的《2020科学技术白皮书》将"社会5.0"描绘为一个以人为本的智慧社会，并提出2040年可以实现的37项新技术，其中多项是与人机在新科技环境下的发展，以及与人机交互、人机融合相关的，包括增强虚拟现实、存档工匠技术的农业机器人、实时翻译所有语言系统、语言表达回话装置、记录和分享个人感觉的装置、学习工匠技巧的人工智能系统。

工业和制造工厂一直是新技术、新工艺的试验地和应用场所。从英国工业革命开始，制造现场已经经历若干次巨大变化，使用蒸汽机的手工作坊、使用大型机械的冶金车间、电气化的装配线、劳动密集的加工工厂、高度自动化的流水线等是不同时代工业的代表。最近二三十年，在技术推动下，这种变化更是加速发生。但现代化的工厂仍然是以冷冰冰的机器为主：大量固定的工业装置整齐排列在流水线两侧，以标准化的流程和动作完成工作；不时闪烁的黄灯或红灯是机器向人类的求助信号，但在机器完全停止运转前，工人和工程师禁止进入围栏和警戒线内。人与机器在不同岗位上工作，没有实现深度融合下的交流与合作。

工业5.0体系亟须形成一种全新的人机关系，不仅要突破机器自身的局限，更要使人处于工业5.0新制造现场的核心地位，机器配合人的习惯和节奏，在动作上保护人的安全、在思想上服从人的指挥，成为人忠诚和得力的帮手和从属。这种新的人机关系继续发挥机器在力量、精细化、稳定性和无惧恶劣环境等方面的优势，但更突出人在生产中的绝对主导地位，并形成更加人性化的工业就业模式和工作环境。包括机器人在内的各种工业机器将更类似于人人都能便捷使用的"智能手机"，而不是需要专门学习才能安全有效操作的"高级装置"。

人机关系的演进：从冲突到融合

随着技术的进步、制度的完善，以及工业从业人员（特别是普通工人）的状况越来越被重视，工业生产中人与机器的关系从工业革命初期的对立和冲突，逐渐磨合演变为互补和协作。这一过程绝非简单的"机器换人"，而是反映了不同历史时期、不同技术条件下,工业发展目标、经济属性、技术路线和价值创造方式不断向着更符合人的利益的方向发展(见表1)。在数字化时代,工业生产中人与机器的关系不尽如人意,这是工业就业吸引力下降进而引发工业价值创造能力下降、要素配置扭曲的重要原因。构建更符合时代特征的人机关系,是摆脱工业发展困境,实现转型的必然要求,也是"工业5.0"在人机关系上的具体表现。

表1 制造业人机关系的演变

	代表性机器	人机交流	生产安全	岗位分工	机器柔性	生产力与生产关系	生产极限
1.0人机冲突	蒸汽驱动机械和手工车床	机械式人机界面,操作机器体力消耗大	几乎没有安全保障,致命的安全事故频发	机器主要完成人类体力和速度无法胜任的工作,一般需要工人对机器进行不间断的操作	机器只能完成事先设计的工作,不具备柔性,也很难扩展功能和进行组合	机器成为新的生产力,工厂制替代手工作坊成为新的生产关系	突破了"人工+普通工具"束缚,出现大量工业产品
2.0人机磨合	流水线机械装置	半自动化人机界面,操作难度降低	粗略、非标准化和非强制的规章制度,安全事故仍然较多	机器在流水线上广泛使用,但并没有降低工人的劳动强度	专业设备较多,通用设备较少,柔性程度很低	流水线实现了大规模低成本制造,垄断大量出现	低成本和高产出,工业产品性价比迅速提高

续表

	代表性机器	人机交流	生产安全	岗位分工	机器柔性	生产力与生产关系	生产极限
3.0 人机互补	初代工业机器人	专业化界面系统，操作难度降低但学习成本增加	严格的规章制度和隔离措施，安全事故明显减少	机器和人类工人分属不同岗位	机器的安装和调试需要较长时间，具备柔性的可能性，但柔性化成本高	制造业效率和效益继续提升，产业组织趋于垂直解体和重构	产品质量大幅提高，新产品层出不穷
4.0 人机协作	数控机床、数字化机器人	出现模块化的命令组，学习成本大幅降低	机器在封闭空间运行，安全事故极少发生	大多数工作由机器负责，工程师负责帮助机器纠错和进行调试	模块化设计能够实现快速组合，柔性化程度明显提高	人开始回归工厂的核心和中心地位	柔性化和快速响应能力提高
5.0 人机融合	协作机器人	使用人类自然语言进行人机交流，几乎不需要工人学习	机器不再导致伤害，甚至可以保护人类	机器与人能够同平台操作，甚至可以互换岗位	机器具有了学习能力，能够胜任更多工作，柔性化逼近人类水平	制造业具有极高生产力，并且以人为本和以人为中心	超柔性制造、超精细制造、增材制造、纳米制造成为可能

在工业革命初期，机器的出现大幅提高了生产率，但并没有改善劳动者的状况，甚至还使得底层人民的生活更糟糕。圈地运动将劳动者从农村赶到城市，失去土地的农民不得不进

入工厂。18世纪末到19世纪初,高强度的工作使得英国工厂劳工的平均寿命比同期乡村人口低了近20岁,机械工的平均寿命一度不足20岁。工业化和制造工厂没有给劳动人民带来福祉,反而剥夺其生产资料、缩短其寿命,机器对工人造成的伤害巨大,人与机器之间是激烈的"冲突"关系。

20世纪初,第二次工业革命将工业的生产率提高到新的高度,但机器继续对工人身心造成伤害。机器变得更加复杂,同时也更加危险,工厂疯狂追逐规模化和高利润,安全事故的发生犹如家常便饭。1919年,美国波士顿一家糖厂储糖罐爆炸,21条生命在糖浆中窒息身亡。工业化起步更晚的中国,直到20世纪90年代,浙江乐清每年会有约5万根手指头断送在冲压机上。当然也必须肯定,机器在20世纪大幅降低了工人的劳动强度,明显减少了工人的体力消耗,人与机器缓慢"磨合"寻求更和谐的关系。

从20世纪50年代和60年代开始,相对和平的环境加快了工业的发展,在技术进步的同时,工业迎来管理方法和规章制度的大改革。机器对工人的保护得到加强,机器造成的伤害事故在发达国家迅速减少,发展中国家也开始加速工业化并融入全球分工体系。与此同时,得益于先进机器的使用,出现更多的高收入岗位,人与机器的关系得以缓和,呈现互补的特征。

20世纪80年代以后,工业机器人开始大规模应用于制造业,信息技术的进步还促进了包括机器人在内的各种工业机器的数控化,机器的操作更加人性化,也更安全可靠。同时,机器的标准化程度大幅提高,使得多台机器共同工作成为可能,大大提高了制造工厂的柔性化程度，人与机器逐步形成"协同"关系。但是，这种协同是有条件和局限性的：人必须通过培训才能用计算机语言操作机器，这通常需要大量人力资源投入；更大力量、更快速度的机器变得更加危险，工厂必须执行极端严格的规章制度，将机器隔离在围挡内，人与机器的协作只能发生在不同工序上。

进入新世纪后，工业启动新一轮的以数字化、绿色化为特征的变革，这对人与机器的关系提出了更高的要求。机器一方面需要更"像人"，具备和人类劳动者相似的学习能力，实现高度的柔性化；另一方面需要更好地"服务人"，工人必须是未来新制造场景的核心，机器的运转完全服从人的意志，配合人的习惯。借助新的技术和工艺，机器至少需要在三个方面发生明显变化才能实现人机深度融合。一是人类自然语言替代计算机语言成为人机交互的媒介；二是机器更加安全，能够实现人与机器同空间同平台协作，肢体上的触碰不会造成伤害；三是机器更加柔性和智能，能够与工人共同学习，并迅速发展出新的生产能力。一旦完成上述三个变化，就能够形成"工业5.0"描绘的人与机器深度融合的全新制造现场。

人机融合的关键：识别、避让、移动和同步

2019年1月，在美国拉斯维加斯举办的国际消费电子展上，欧姆龙集团展示了其对未来制造的设想——"近未来制造现场"。两年后的2021年中国国际进口博览会上，欧姆龙发

展完善了突破性的"近未来制造现场",这是该公司在2015年提出"i-Automation"人机融合生产现场解决方案后在实践上的一次重大进步,并首次向公众展示了一套完整的人机融合制造系统。"i-Automation"整合了人工智能、物联网、大数据分析等新一代信息技术,使用协作机器人与移动操纵机器人应用(MoMA),机器成为人类的助手,与工人在同一平台、同一空间互补与协助,实现柔性、高效、灵活的生产。"i-Automation"给参观者最大的冲击是:在一个人机共享的生产空间,机器人通过视觉系统感知人的动作,判断人的熟练程度,并据此调整自己的速度,工人熟练度低时设备速度就会慢一点,等工人熟练度提升后,速度就会快起来。在展会现场,参观者不需要学习任何计算机语言就可以直接向系统发出指令完成一件产品的制造。虽然离真正的产业应用还有一段距离,但"i-Automation"已经勾勒出未来人机融合制造现场的基本轮廓。

要形成高度融合的人机关系,依靠现在的工业机器显然是不行的。国际机器人联盟(IFR)根据协作层次以及对内部安全特征和外部传感器的要求,将协作机器人分为隔离操作、共存操作、序列协作、同平台合作、响应性协作五个级别,工业机器要实现从与工人的隔离操作向最高级别的响应性协作跃升,必须突破识别、避让、移动和同步四个关键性难点。

识别是要实现人与机器之间无障碍的交流。新一代的协作机器人都配置视觉软件和高清相机,可以捕捉人类伙伴的动作和表情,从而能够直接理解人的指令,主动配合人的习惯和节奏。过去工业机器人的视觉技术主要应用于工作对象,帮助机器更好地抓取和应对不规则无规律的情况,而现在则要涵盖对人类的动作、表情和潜在危险行为的捕捉。人工智能赋能下的语音识别、图像识别能够帮助机器更快地掌握人直接或间接发出的指令,烦琐复杂的、使用机器语言的人机界面将逐渐成为一种辅助性的交流方式。同时,混合显示技术将成为可视化的升级换代,工人能够更加直观、全面和准确地掌握机器的运转情况和其向人类传递的其他信息。例如,德国蒂森克虏伯的装备制造工厂在车间和维修现场使用增强现实显示的智能眼镜,用以辅助工人更好地识别工序信息。

避让是人机融合的安全保障。很多机器人厂商将机器与人共享工作空间作为技术研发的重要方向。通过图像、声音、温度传感器,以及更高精度的伺服电机和更加柔软的外观设计,机器的运转对人身安全的潜在伤害将降到最低。未来制造现场的一个突出变化就是各种工业机器的围挡被拆除,人与机器可以在同一工作空间深度合作。欧姆龙TM协作机器人的用户可以在可视化界面中迅速勾选相应的风险部位,机器人便会自动调整,设置安全的速度和力量极限,简单的设置省去了用户对机器人安全性能各项参数的仔细研读及相关知识的学习。

移动是要实现机器能够像人一样自主转换位置,甚至能自主进行链接和重新组合。以往的机器都在固定工位上工作,机器设备的移动耗时长、成本高,且存在一定风险。要让机器真正融入以人为中心的制造中,机器就必须具备和人一样的可移动性。在"移动"的基础上,工业机器可以进行快速安全的自动换装，不同位置的机器人还可以根据生产的需要相互支持和支援，这特别适合少量多样的订单需求。目前，很多工业装备企业都在开发通用型的移动平台，将传统机器人与通用移动平台链接就能实现机器的自主移动，使得各种机器装备能够迅速脱离当前岗位，前往任何需要的位置，并重新接入生产系统。例如，欧姆龙的MoMA、ABB的ASTI均是机器人可移动系统的代表，目标就是突破机器的空间限制，根据不同的工位产能效率灵活地设计布置工艺流程，使得整个产线的效率和柔性化程度大幅提升。

同步是要实现人与机器在感知和决策上的同步，并进行共同学习。面临新的任务和工作时，机器会事先为人提供一个由人工智能生成的操作流程，标注需要注意的重点事宜，工人以此为基础进行优化。在协作过程中，人与机器能够不断共同改进，共同提高生产效率。欧姆龙TM等高端协作机器人都具备配合不同工人调节自己速度的功能，日本川崎重工推出的继承者协作机器人还可以总结不同操作人员的习惯，并选择其中最优的向其他人进行技能传达。要实现真正意义上的人机同步，脑机链接必不可少。无论是通过哪种方式实现人脑与机器的联通，都既要突破技术难关，又要有制度上的保障。

人机融合优劣势：中国与美、日、欧的对比

美国、日本、中国与欧洲在人机融合上各具优势（见表2）。美国在脑机链接、机器链接上有绝对领先的技术研发优势，在

军事和医学上已经有较为成熟的应用。例如，通过神经网络治疗癫痫、帕金森、阿兹海默综合征等脑疾病。在战场上人与武器装备同步感知等方面，美国都有先人一步的布局，但在制造业的人机融合方面，美国由于缺少实际的场景推进较慢。日本将传感、人工智能、加工精度上的优势相结合，在人机融合制造的系统应用上形成明显的优势。日本制造企业有不断提高生产效率和追求更精细化制造现场的传统，这促进了人机融合制造的实际运用。欧洲是高端工业装备的重要生产地区，在很多协作机器人细分领域长期保持世界第一的市场地位。中国是人机融合制造的积极参与者，已经具备世界一流的人工智能、制造业数字化场景创新能力，但受传统短板的限制，表现出规模巨大、场景多但技术处于中流水平的发展特点。

表2 美、日、中、欧洲人机融合制造的代表企业和优劣势

	代表企业或产品	优势	劣势
美国	波士顿Rethink的Bax te协作机器人；马斯克成立的"神经连接"	脑机链接有绝对领先优势，在军事、医学康复上的应用远超其他国家	由于缺乏具体的需求，制造业的应用较少
日本	川崎的Successor协作机器人；欧姆龙的i-Automation系统；安川的HC系列机器人	人机融合制造的系统应用走在世界前列	核心技术落后于美国，人工智能研发落后于中国和美国
中国	新松、华中数控、节卡、伯朗特、启帆、天太、达明、欢颜等机器人厂商推出的协作机器人	在技术研发、设备制造、场景创新和应用等环节都具有一定的竞争力	核心技术、关键工艺和材料、工业软件存在"卡脖子"风险

续表

	代表企业或产品	优势	劣势
欧洲	丹麦的优傲Universal Robots；发那科的CRX系列机器人、库卡的LBR iiwa机器人	工业机器人、数控机床等工业生产设备制造有传统优势	新一代信息技术研发与场景开发较为滞后

总体上看，无论是人与机器深度融合的关系，还是新的制造业现场，都还处于探索之中，尚没有形成成熟的模式。然而，可以肯定的是，人机融合制造将成为"工业5.0"的重要特征，是未来制造现场人与机器和谐共存的方式。美国、日本、中国及欧洲在人机融合的技术研发、场景创新和模式探索上领先其他国家和地区，这四个国家和地区必定在制造业人机融合的各个领域、各个环节展开激烈竞争。

人机融合开启工业发展新局面

人机融合的根本目的是让工业变得更加"人性"，是对工业机器研发、设计、使用思路的一次重大调整。在过去，工业发展对利润的追求远远高于对人性的尊重，在工业化早期和中期对工人的身心造成伤害，而在工业化的中后期和后工业化社会表现为工业就业吸引力的下降。人机融合就是要重塑工业部门中人与机器的关系，不仅要发挥出机器的优势，更要实现人的发展。工业领域人机融合的发展需要完善的制度保障，要通过加强劳动保护，以及制定规范使用机器的标准，保障人在未来制造现场的中心地位——人不能依附于机器,机器承担更多、更繁重的工作,但只能是人的帮手。目前,美国、日本、韩国和欧盟都在资助有关机器与人伦理关系的软科学研究,中国在这方面的研究相对滞后。应当让更多经济学、管理学、社会学、法律学、文化学的研究人员参与人机融合的相关课题中,同步推进工业人机融合的技术研发和制度建设。

工业行业之间因技术特征差异大,人机融合会有不同的实现路径。在达到人机融合制造最终理想状态之前,不同制造业部门因为技术特征不同,可能出现多种演进路径。以欧姆龙TM机器人和可移动MoMA系统为代表,目前大多数协作机器人和人机融合制造系统更适合劳动密集型较高的加工制造业,如服装业、电子信息的装配环节等,而对于其他工业部门则需要另外设计技术路线和创新应用场景。例如,对于化工、冶金等流程类行业,人机融合制造的关键在于根据订单调节产量和产品结构,实现最大程度的循环经济降低物耗能耗,以及以机器协助工程师对生产流程进行无缝隙监管,防止安全事故的发生,降低产品残次比例。对于大飞机、高铁机车、工程机械等复杂产品系统,人机融合制造应该更强调机器的可移动性,机器能够跟随工人并随时提供体力上的辅助,完成自动备料、提供各种参数信息等任务,并发现和纠正工人可能出现的操作错误。对于汽车、家电等标准化程度高的模块化产业,更适合发展能够人机合作自主构建产线的智能化工厂,形成更加柔性化的大规模定制生产系统。对于生物医药、集成电路、采掘等需要高度洁净或面临极端恶劣环境的产业,应当更加注重人机远程融合,让工人能够远离作业现场。

人机融合制造发展的一个潜在影响是重新激发工业的就业吸引力。无论是在发达国家,还是在发展中国家,工业对年轻人就业的吸引力都在降低。工资水平较低只是一方面的原因,工业就业岗位纪律严苛、时间固定,工业园区远离生活方便的市区等都是造成工业就业不足的原因。在中国的大中城市,年轻人宁肯跑快递也不进工厂。人机融合制造能够彻底改变工业的工作状态,一方面,人机融合显著改善工作环境,提高劳动生产率,进而提高工资水平;另一方面,人机融合能够促使工业行业的非全日制就业、临时就业、自营就业、远程就业、自由就业、兼职就业等就业新模式成为可能。这些变化将使工业的就业更加类似于年轻人所偏好的服务业,由此减少年轻人对工业就业的偏见,进而一定程度上改变工业劳动力市场的供需不平衡。

人机融合是工业5.0和未来制造场景的一个特征,与其他智能制造和相关新技术、新工艺的发展是相辅相成的。例如,柔性制造和定制制造要求工业机器具备极高的柔性化可重构能力,这与人机融合制造的发展方向是一致的;黑灯工厂、无人工厂并不是完全不需要人的参与,而是通过信息技术实现了工人和工程师非线下、非现场工作,这符合人机融合发展的理念;用户参与制造将人机融合的范畴从工业从业人员扩展到工业产品的使用者,是更加广义的人机融合。近年来提出的太空制造概念极具科幻色彩,太空恶劣、复杂、多变的环境更需要人与机器的深度协作。

数字"五化"与商业模式及组织管理模式创新

在数字技术还在普及推广的当下,数字化尚能作为企业的一项竞争优势;而当AI智能时代到来时,数字化就只能作为企业智能化的一张入场券。唯有彻底实现数字化,企业才有机会融入AI智能时代的技术浪潮。本文提出的数字化系统五大功能环节的"五化"模型,为企业指出了一条具备实践价值的数字化路径。

——王子阳 朱武祥 李浩然 熊立铭 | 文

2022年1月，国务院印发了《"十四五"数字经济发展规划》（以下简称《规划》），强调要加快企业数字化转型升级。无论是学界还是业界，"企业数字化"的话题均成为重点研究的方向，但何为数字化一直没有共识。市场上五花八门、成效悬殊的各式数字化"方法""思维""战略"也伴随而生。

通过调研大量企业数字化过程，我们发现了企业在数字化过程中的三种典型误区。

第一，数字化=业务线上化。有些企业跟风式地进行数字化转型，认为数字化便是将所有业务线上化、电子化。只听说线上化"好"，但不知道线上化"好在哪里""目的为何"。单纯将业务线上化，而没有以数字化的方式理解业务流程并进行优化或重构，最终投入大量成本，但业务效率提升甚微。

第二，数字化=营销流量化。有些企业认为数字化等同于采用线上流量营销模式，但并不知道流量营销模式发挥作用的前提是什么。这导致这些企业在几个流量平台上花费重金，但并未获得预期成效，甚至影响已有渠道的运行效率。

第三，数字化=管理万能药。有些企业误认为数字化能够解决组织管理中的所有问题，一旦应用了数字化软件，管理中的问题就会迎刃而解。但往往事与愿违，如果没有从管理问题的根源进行优化，数字化工具不仅可能"治标不治本"，甚至还可能加重病灶。

事实上，出现上述问题的原因在于企业没有厘清数字化的两个关键问题。第一，企业数字化的内涵，即数字化到底是对企业的哪些维度进行优化，以及企业的哪些环节是最适合应用数字化工具。第二，数字化驱动企业业务增长的传导路径。厘清这两个问题，可以避免企业的数字化浮于表面或者成为企业增长的负担。

数字"五化"

什么是企业数字化？国务院原副秘书长、中国数字经济发展和治理学术年会主席团主席江小涓在其2022年发表在《管理世界》上的一篇文章中指出，数字化的底层逻辑，是应用数字技术将现实世界的企业经营管理过程映射到数字世界，再将经过数字算法处理的结果回嵌应用到现实世界（见图1）。前者是当前企业数字化的重点方向，最终目标是实现现实世界和行为动作全部数据化的数据全纳过程；后者则是企业数字化的核心成果，从而提高全社会资源配置效率，提供新的增长源泉和增长空间。要想做好第一步向数字世界的映射，既需要熟稔数字技术，也需要对现实世界的企业经营管理过程进行系统拆解。如果说数字技术是将企业送入数字世界的船只，那么对经营过程的拆解就是要提前整理打包装船，以确保数字世界里的企业仍能顺畅运转。

诺贝尔经济学奖和图灵奖双料得主赫伯特·西蒙曾经说过，企业是一个决策制定和信息处理系统，企业的管理过程就是一系列决策过程。这些决策过程被映射到数字世界里，形成了数字世界的决策系统。因此，想要通过数字技术提升企业的价值创造过程，关键在于在数字世界对决策系统进行优化。根据美国计算机协会（ACM）的定义，数字系统包含输入、存储、处理、输出和控制五大核心功能。数字系统的运行模式必然包含这五个环节：数据输入是整个系统运行的开端和基础；输入的数据经过存储阶段的沉淀后，通过数据模型进行处理；处理完毕输出结果，系统再根据输出的结论对处理模型和输入方式进行调整和控制。这五个环节支撑企业完成经营管理过程中的各项活动或活动的组合。

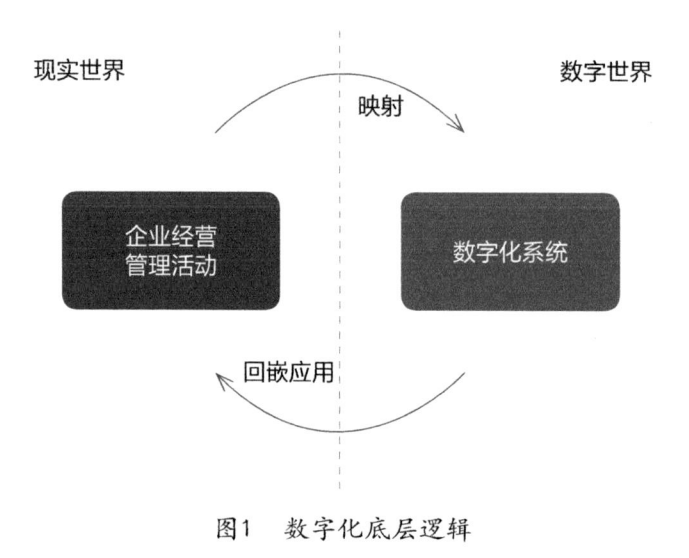

图1　数字化底层逻辑

为了有效分析数字化系统如何影响活动的价值产出效率，本文从魏炜、朱武祥两位教授的商业模式理论入手。两位教授将商业模式定义为经营活动集合及利益相关者的交易结构，即企业选择从事哪些经营活动，以及如何完成经营活动和获利（利益相关者的交易结构）。这一定义包含了商业模式的四个核心要素：经营活动组合、参与主体（即利益相关者）、活动在主体间的分工、主体与主体之间的交易结构（它们之间的关系见图2）。

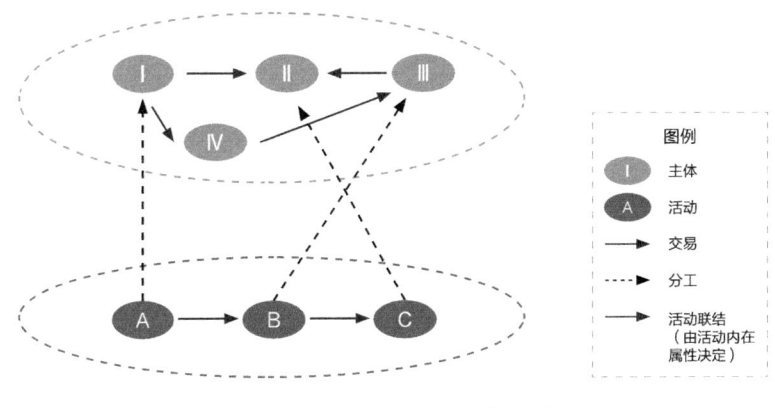

图2 商业模式核心要素关系

无论是企业外部市场交易还是内部员工协作，企业经营管理过程的各项业务活动和管理活动都可以从活动、主体、分工和交易四个维度进行拆解和优化。魏朱商业模式理论认为，商业模式升级和优化路径有四类，包括优化经营活动、优化参与主体的范围、优化活动在主体间的分工方式、优化主体之间的交易结构。

通过这四类商业模式优化路径，可以发现数字化为企业商业模式——经营活动分工和利益相关者交易结构带来巨大的升级空间。例如，需要大量人力的经营活动在数字化系统帮助下，可以降低对人工操作的依赖度，甚至不再需要人工操作；利用系统积累的数据可以吸引新的主体加入；在数字技术的加持下，交易主体间的交互可以突破空间距离和载体信息量的限制，不仅使企业可以与原本无法交易的主体直接交易，还可以建立更深、更紧密的交易方式和更灵活的交易收支方式。

结合企业数字化概念的内涵和商业模式升级的方向，我们明确了企业数字化的最终目标，即在数字化系统五大功能环节中，实现业务和组织管理的"五化"（见图3）。

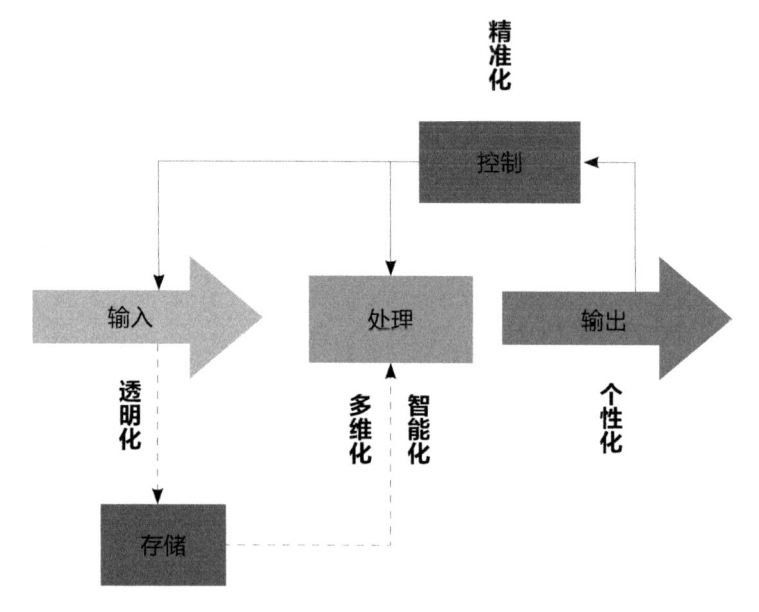

图3 数字系统"五化"

输入与存储：透明化

数字化时代前，能够作为数字世界中决策系统输入的信息占现实世界的全面信息的比例极小。一方面，由于现实世界过于复杂，在缺乏数字化系统的情况下，收集并处理信息全集成本过高以至于无法实现，决策者只能依靠压缩后的信息集或基于其他人的判断作出决策，而压缩意味着信息丢失，其他人的判断意味着信息有偏，导致决策者难以寻找全局最优解而只能寻找近似最优解；另一方面，存储载体的信息储量有限，无法收录信息全集，而储量有限意味着在较长的时间周期中只能留存有限数据，全面的数据对比无法实现。

随着数字化技术的不断发展，这个鸿沟正在逐渐消弭，绝大比例的信息都可以表现为数字化系统中的数据。一方面，数据收集手段的升级大幅降低了数据收集成本；另一方面，数据载体的储量上限也呈几何级数提高。决策者可以在全面、直接了解业务活动和管理活动的真实情况后作出更为准确的判断。从魏朱商业模式角度，我们将企业数字化输入与存储阶段的透明化定义为"将企业的业务活动和管理活动过程以可调用数据的方式存储并呈现的过程"。这里的透明化包含两方面含义。

第一，输入阶段，物理世界活动转化为非结构化数据。通过设置传感器、手动输入和数据库合并等数字化手段与传统手段结合，将物理世界活动转化为数字空间中的信息全集。此时的数据是海量且非结构化的，无法被直接调用。

第二，存储阶段，非结构化数据转化为可调用的结构化数据。存储最终指向未来的调用，因此除了保证数据存储的稳定安全外，还需要将数据进行结构化以保证其可调用性，从而完成数据透明化。

处理：多维化、智能化

数据范围是数字化系统分析范围的上限。人工决策时可获取和可处理的数据集有限，基于数据集形成的决策模型也受到限制。当系统只包含部分经营管理过程的数据时，自然也只能进行局部分析。而在近乎透明化数据输入的支持下，数字化系统能够获取并处理更大量级、覆盖更全面的数据集。以全面的信息集为基础，企业才有条件建立包含多个维度的决策模型，进行多维化的计算和优化，作出更优决策。

随着数据规模的扩大，决策模型的多维化会导致计算复杂度呈几何倍数上升。传统的数据处理方法对这类问题的求解无能为力，必须借助人工智能等智能化技术来辅助决策。数字化系统可以将企业的最优实践和方法论沉淀在模型中，同时利用人工智能挖掘方法论，对决策模型进行自主优化迭代，辅助决策者作出更有效的决策。

输出：个性化

多维化决策模型输出的是多维度的复杂结果。随着模型复杂程度的提升，结果的复杂程度也随之飙升。但无论是出于认知效率的考虑，还是为了管理的需要，多维度的结果都不应该直接推送给所有人，按照个体需求进行个性化输出才最有利于企业业务和管理活动的完成，即企业针对同类对象的不同个体给出个性化的应对策略和决策方法。在数字化时代之前，由于信息处理能力的限制，往往将类似对象归类做一致处理，数字化系统则可以还原到单个对象做个性化应对。例如，对于不同的员工，企业可以根据其岗位、性格特征制定差异化管理办法，提供不同的信息资料和工作任务。对于不同的客户，企业可以根据其交易历史和当前需求实现差异化服务。输出的个性化为企业内部和外部都带来全新的分工和交易的可能性。

控制：精准化

控制环节是企业优化决策机制、不断进化的重要环节，复杂的处理模型提升了控制精准化的重要程度。一方面，每一个细小的调整都可能引发蝴蝶效应，因此更需要控制得谨慎和精准；另一方面，在前数字化时代，数据颗粒度过粗，业务复盘难以精准识别病灶。当数字化系统包含了全过程的细颗粒度数据时，控制的精准化就具备了实施条件，即可以基于全过程数据，对业务链的每一个环节的投入产出进行精细准确的评估，指出链条中低效甚至无效的病灶所在，并在精准的关键优化点上对处理模型进行校正，校正后再次进行精细评估以验证成效，如此迭代，完成控制反馈循环。

接下来，本文以线下购物中心数字化和AI独角兽企业爱笔科技公司为例，分析业务及管理活动的数字"五化"对企业商业模式和组织模式的影响。

线下购物中心商业模式创新

线下购物中心的经营痛点

购物中心的主要利益相关者是消费者和入驻商户。购物中心是消费者和商户交互的空间载体，购物中心的管理者负责协调组合商户，形成对消费者更有吸引力的商业业态组合。购物中心的吸引力不仅是商户吸引力与配套设施吸引力的简单加和，还取决于商户组合的有效性。

购物中心缺乏对消费者在商场消费行为的全面了解，难以有理、有据、有效地动态优化商户组合和商场管理。在前数字化时代，购物中心与商户的交易方式非常单一，基本属于房东和租客模式。虽然双方可以通过租金、分成、租金加分成等收费模式形成一定程度的绑定，但购物中心和商户的运营仍相对独立，购物中心对商户的了解非常有限。大部分购物中心对其商户的布局策略并没有形成系统成熟的方法论，只能机械地模仿竞争对手，甚至是拍脑袋决策。作为销售额"扛把子"的女装商户究竟应该放在哪个位置？哪些类别的商户之间能够彼此引流？这些关键问题在购物中心现有的决策模式下都不能得到准确的答案。此外，由于消费者的消费行为一般都是与商户进行，很少与购物中心直接交互，购物中心同样也不了解消费者的特征：消费主体究竟是男是女？多大年龄？有哪些偏好？

互联网的兴起和电商模式的出现，大大推动了购物中心数字化的实质进程。线下零售商在受到亚马逊、淘宝、京东等电商平台剧烈冲击的同时，也在向其学习用户触达、受众画像、算法推荐、在线（移动）支付等以会员为中心的数字化模式。但新的问题在于，购物中心的数据来源明显不足。

电商网站可以有效获取消费者浏览、选择、购买等消费全链条数据，购物中心的数据主要来自其会员体系和支付体系，仅涉及消费者的支付结算一个环节，无法对消费者的全链条消费行为形成全面认知。相比于支付结算数据，消费者在购物中心"逛"的过程数据才是反映消费者行为习惯的关键信息。但是，如果仅利用传统的手段从会员体系入手，要么难以获取数据，要么容易侵犯消费者隐私。

数字化解决方案

从数字"五化"视角，购物中心数字化最有效的办法应是尽量在数字世界中还原消费者在购物中心的活动及行为轨迹，通过人脸识别、物联网等硬件，记录和收集消费者的活动及行为轨迹数据，购物中心应用数据智能处理算法，对人流量、销售额、消费者停留时间和流动轨迹数据进行多维度分析，了解每一家商户在当前布局下的表现，判断品牌与品牌、品牌与商铺区位的匹配程度，进而形成一套面向购物中心的智能化数据指标系统。这套系统可以根据实际情况对决策的重点问题给出智能化提示，如商户布局、商户预警、租金定价、促销策划、消费者行为等。以往只能依靠经验判断的问题，现在都有了数据的支撑。

基于消费者行为轨迹数据，购物中心对消费者的形象刻画可以扩展出更多的维度。原有的会员系统只能通过消费记录和有限的个人信息来推断消费者的个人特征。在数字化系统的加持下，购物中心对消费者的了解不仅包括买过什么，还包括进过哪些店铺、在哪里停留的时间最长、购物后喜欢去哪家餐厅，甚至包括乘坐什么交通工具前来、通常在什么时间来、逛街时喜欢怎样着装打扮，所有这些信息都可以从消费者购物行为轨迹数据中分析出来。

以此为基础，购物中心与商户及消费者之间的商业模式设计有了更大的想象空间（商业模式升级前后对比见图4）。

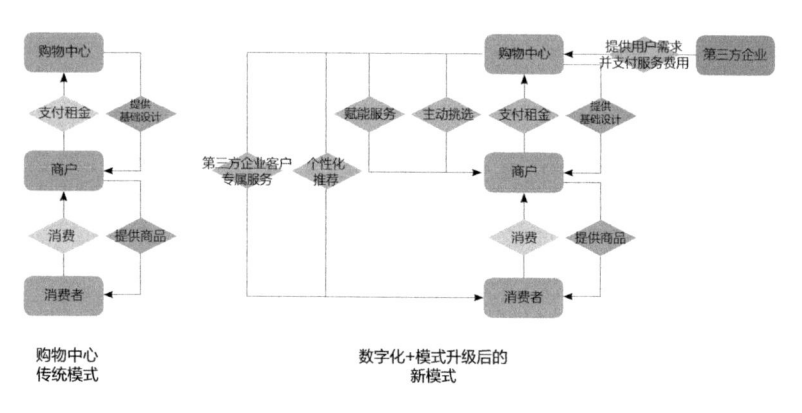

图4 购物中心商业模式升级示意

首先，购物中心不再被动等待商户租用商铺，可以主动全面规划品牌分布的布局，挑选合适的品牌入驻指定的商铺。布局规划的根据就是对消费者行为轨迹数据的深入分析。消费者的行为轨迹，可以有效显示热门商户对周边商户的辐射和交叉引流效果，测算消费者进店流量与销量之间的转化率，最终实现精准评估每一家商户在购物中心的价值。

另外，购物中心可以设计新的租金方案，租金水平不只与商铺区位有关，还可以与商户的引流和转化能力及购物中心提供的赋能服务挂钩。这些评估会随着消费者购物轨迹数据的更新，不断验证预期，进而对商户布局、租金设置、补贴等方面进行进一步调整和优化。这些数据还可以向商户开放，帮助各品牌商户间开展合作，更好地就近互相引流。

在消费者端，通过对消费者特征进行多维度的数据建模，购物中心可以根据行为特征分类消费者，并与商户一同为消费者提供更个性化的服务。例如，通过交互屏等线下终端和手机等交互平台，为进场顾客提供个性化的商户、活动、商品推荐。这些推荐既符合消费者的个人特质和历史消费偏好，也和他们当前所处的位置相关联，实现对商户的引流。

透明化的消费者行为轨迹数据输入和存储是购物中心数字化的基石。数据系统的智能化处理和多维化的商户管理是数字化的核心环节。消费者服务的个性化和内部运营优化的精准化则是数字化的最终成果。"五化"的数字化模式不仅解决了购物中心在商户组合和商场管理上的痛点，还为其创造了模式升级的新空间；不仅将与商户之间的招商模式由被动变为主动，还成功建立与消费者之间的交互渠道，为其提供个性化服务，大幅提升客户黏性和品牌价值。

上述购物中心的数字化解决方案并非臆想，已经有一些AI公司可以提供服务。爱笔科技公司（下文简称"爱笔科技"）就是其中的典型代表。

爱笔科技利用独有的室内实景3D地图机器人技术快速采集数据，经由自开发的室内视觉地图重建算法将原始数据结构化，生成整个购物中心的厘米级高精度室内实景3D地图，实现了购物中心现实世界的数字孪生。在此基础上，爱笔科技通过计算机视觉及AI技术，实时识别每个消费者每个时间点在购物中心内位置的数字3D坐标,再将消费者的各个坐标相连,形成消费者行为轨迹。这实现了数据的透明化,商户管理的多维化和智能化,解决了线下商业综合体的部分痛点,并开始以个性化服务进行商业模式创新,印证了数字"五化"逻辑的正确性。

企业组织管理模式创新

爱笔科技作为一家以算法为核心竞争力,并行开发多个不同场景解决方案的AI公司,在公司内部组织管理上同样体现了数字"五化"特征。

爱笔科技面对的开发或数字化项目多为创新程度高、探索性强的新任务,使得公司管理者很难按照以往项目管理方式有效划分项目阶段、预估项目周期。具体而言,爱笔科技公司内部组织管理面临两个挑战。

第一,既要有效管控项目进度又要充分保护并调动员工自主性。这意味着既不能采取抑制员工自驱力的强力管理思路,又不能彻底放任、完全依靠员工自发开展工作。

第二,有效地评估员工价值。爱笔科技内部项目间人员大量交叉,同一员工会同时参与多个项目,使得以岗位为基础的员工管控和价值评价体系失效。

为此,爱笔科技基于飞书的数字化工具,建立了以文档为基石、以目标和任务为核心的数字化管理模式。

透明化

组织管理数字化的第一个难点是将现实世界的员工工作动作转化为数字空间的孪生非结构化数据。这些数据是管理的重要依据，也是组织管理数字化的基石，更是跨过管理"Word化"或是"邮箱化"的关键跳板。这一过程需要一个强大的数字化工具将企业在现实世界的运作过程和数字空间连接起来。在爱笔科技，这个工具就是飞书云文档。传统企业中通过口头语言或纸质媒介传递的项目信息、个人计划、工作过程，甚至工作成果，都可以通过一系列结构化的方式成为云文档。云文档丰富的编辑和插件功能可以满足不同工作性质的员工的各种需求，同时实现便捷展示和共享。飞书云文档在不降低甚至提高工作效率的情况下，将原本在现实世界中完成的业务动作转移到数字空间中，并留下文档作为记录。这些以数字化形式记录的云文档，就是爱笔科技内部透明化的基础。

更进一步，爱笔科技借助飞书平台，搭建了与文档双向数据打通的项目管理系统。该系统不需要人为参与大量维护工作，会自动提取员工的云文档内容作为数据来源，整理归类后以看板形式展示。所有项目的立项结项流程和项目数据同步展示在看板中。看板系统也帮助员工清晰地展示出工作职责范围，明确当前重点任务和完成情况，完成自身工作内容的透明化；项目负责人则可以通过看板快速了解项目整体进展和每位下属的工作进度，告别阅读报告或听取汇报的低效率管理方式，实现项目情况的透明化。

多维化、智能化

爱笔科技通过透明化的数据看板，无论普通员工还是管理者都能快速明确职责范围内的工作内容和当前完成情况，实现员工自我管理及负责人项目管理的多维化。

爱笔科技的数字化解决方案的突出特点是工程链条长：一个场景下的数字化方案至少包含3D扫描、摄像头安装及验收、算法开发、数据仓库、BI展示、数据应用六个环节。每个环节又分为多个模块。例如，算法一个环节所包含的模块就超过70个。负责人很难同时掌握多模块、多环节的开发进度。而项目看板的存在极大地降低了负责人的管理难度。项目负责人通过项目管理看板，能更便捷地了解每一位员工的项目进展，系统掌握和控制整个项目的进度，从多个维度进行统筹。再结合过程中平台记录的工时、完成任务数、财务成本等数据，负责人对每一位员工都能做到多维度的精细管理。

云文档数据库的存在，使运用智能化技术手段辅助项目管理成为可能。面对管理问题时，系统可以调用此前相似情景的活动记录，智能总结规律，为管理者提供决策建议。特别是在运用迭代式增量软件开发（Scrum）等敏捷开发方法进行项目管理时，通过项目看板进行展示的效果明显优于传统的文档展示，极大减轻了管理者的负担。在项目末尾，数字化系统还能根据员工交互数据向管理者推荐每位员工的360评价对象，并提供文档阅读时长等全新数据指标，实现智能化的员工评价。

项目看板同样也可以成为员工的自我管理工具。交叉开发使得参与多个项目的员工经常遭遇多线程难题：手头同时进行多项工作，时间安排捉襟见肘，只能是哪项催得紧哪项先做，有时被迫停下执行了一半的任务转做另一项，顾此失彼。而一个清晰的任务看板，可以结合任务时限和上下游任务的完成情况，为员工提供工作任务智能标记，提示任务优先级，帮助员工基于项目和自身的整体情况，统筹安排任务顺序和工作计划，实现多维化的自我管理。

个性化

智能化系统还能为员工完成业务活动、管理者完成管理活动赋能。根据实际情况，系统可以推送个性化的可用资源、经验知识参考，提供有针对性的任务优先级和任务顺序指导。每位员工的项目管理看板界面都是根据其文档记录的个人数据定制，有效提升员工个人工作效率。而对项目负责人，内部数字化系统可以将当前任务的特征与已完成任务比对，根据员工特点和任务特征向管理者推荐适合当前任务的员工，助力个性化的人岗匹配。

精准化

在数字化系统支持下，管理者可以对整个项目后续的复盘及优化进行精准判断，以便后续进行迭代和修正。针对并行多项目的员工如何进行绩效评估的难题，数字化系统则可以帮助管理者通过数据库文档、任务数据回溯工作过程，准确量化员工在每个项目中的价值贡献。同时在云文档数据库的支持下，对员工进行评估的数据来源更加多样，以数据为根据得到的评估结果更精确。对产出不同类型成果（文档撰写、代码编写、客户联系）的员工，采用不同类型的数据作为绩效评估依据。在项目的复盘反馈环节，数字化系统也可以帮助管理者更准确地把握时间节点，适时进行督促和总结。

结语

数字化不是要再造一个崭新的数字世界，而是要把数字世界和现实世界紧密地联系起来，并最终实现通过数字世界引导现实世界的经营管理。因此，企业数字化要做的不只是紧跟技术研发的前沿，而是在当前对业务和管理已经具备深刻理解的基础上，寻找技术赋能的模式创新机会。本文提出的数字化系统五大功能环节的"五化"模型，既立足于对数字技术的底层认识，又吸纳了商业模式理论的基础逻辑，并且融合了企业业务发展和组织管理的内在需求，为企业指出了一条具备实践价值的数字化路径。

从长远角度来看，在数字技术还在普及推广的当下，数字化尚能作为企业的一项竞争优势；而当AI智能时代到来时，数字化就只能作为企业智能化的一张入场券。唯有彻底实现数字化，实现"五化"，企业才有机会融入AI智能时代的技术浪潮。AI技术的颠覆性进步告诉我们，这个时代可能远比我们想象的来得更快。留给企业数字化的时间不多了！

13 注意力配置：在新型工业化进程中增强数字化竞争能力

新型工业化的一大特征是信息化与数字化，如何推动加快企业的数字化建设与转型、增强企业数字化竞争能力正成为当前企业管理实践和研究的一大热点。企业的数字化转型应当始终以满足市场需求为导向，一方面保持注意力资源对战略价值环节的持续投入，形成注意力资源投入的正向反馈与递增机制，另一方面利用信息化、数字化技术对业务流程和组织架构进行改造，不断加强对市场的回应能力。

——宋翔 | 文

新型工业化的一大特征是信息化与数字化，如何推动加快企业的数字化建设与转型、增强企业数字化竞争能力正成为当前企业管理实践和研究的一大热点。数字经济的快速发展能够持续地优化市场供给能力、提升供需匹配度、降低交易费用，进而提升全要素生产率，帮助各类市场主体跨越数字鸿沟、享受数字红利。以大数据、人工智能、移动互联网、云计算为代表的数字技术被广泛运用于企业的价值创造过程，在扩展商业应用场景、推动共享经济与平台经济发展的同时，进一步放大双边市场或多边市场效应，为创新创业型企业的指数型增长创造了条件。更重要的是，作为新生产要素的数据不仅能够贯穿企业的运营和价值创造层面，还能够促进企业战略层面与组织层面的互动。

数字化转型的困境

数字技术不断渗透和改造商业环境，让我们看到了亚马逊、苹果、三星、华为、小米等数字经济企业快速崛起或开启二次增长曲线的发展奇迹，充分领略到了数字经济的魅力。遗憾的是，发展奇迹并不是数字化变革的全部，只有那些在认知层面能够充分理解技术发展逻辑并及时跟进的企业才有更大的成功概率，过度重视前数字时代成功经验而未能作出相应组织变革的企业则容易陷入困境。我们尤其不应忽略曾经的巨头企业在较短时间里丧失竞争优势而被市场淘汰的教训，因为指数效应同样作用于企业从高处坠落的过程。数字化变革是一把双刃剑，数字经济与数字技术在为企业创造机会的同时，也让企业决策问题的复杂度呈现出几何级数增长。

数字技术的广泛使用首先激发了市场需求向高度多样化、高速流变化、多维共生化演进。与此同时，涉及企业运营生产、技术迭代、供应网络、产品与服务参数等方面的数据也相应急速增长，使得企业的数字负荷与处理负荷不断加剧。在一系列商业业态演变与数字技术发展的共同作用下，企业一方面受惠于算力对常规问题解决方案的日趋优化，另一方面则要面对不断加剧的内部和外部决策风险与不确定性。由此可以发现，当前企业决策问题的结构化程度同时向着高和低两个方向分叉演化，这就要求企业必须不断提升结构化问题的决策速度和执行效率，而对低结构化与非结构化问题则需要保持一定水平的决策质量。这至少从两个方面考验着企业：管理者对决策问题的认知及判断能力，组织架构配适性。

决策问题的高度复杂性首先是直接对决策者的专业背景、知识储备、工作经验提出了严峻挑战。数字经济的本质是信息经济，消费者个性化与多样化的消费诉求可以不受时间、空间限制地传递给企业，这就要求企业培育出相应的动态能力并对市场变化作出快速有效的回应。具备动态市场能力的企业往往可以在市场信息高度充盈的环境中快速作出高质量的决策，而其管理者也往往能够在有限理性的约束内，最大化地发挥信息处理和判断的能力。

企业注意力基础观（Attention-Based View, ABV）认为有限理性很大程度上表现为管理人员的注意力，这是一种企业中稀缺的关键管理资源，对企业的决策效率和决策质量具有非常重要的意义。在处理具体的决策问题时，组织内的不同群体会根据组织的结构和功能对组织注意力进行配置，使得不同层级、团队能够把注意力聚焦在与自身职能相关的方面，以此提高决策的质量。企业管理层的一项关键职责，就是综合运用知识、经验和直觉去把握难以被数据描述的细微变化，将注意力配置于寻找机会、创造价值的过程。

企业组织架构配适性以间接方式从根本层面上影响决策的质量和效率。企业的组织形态及架构是在一定市场环境、技术条件、认知水平等外在因素的影响下，经过竞争和演化形成的。钱德勒在1963年提出的"组织架构跟随企业战略"这一经典命题，显然也适用于数字经济时代。随着信息技术、生产技术、认知水平的提升和市场环境的不断演化，企业组织的发展总体上呈现出从科层向扁平、从集权向分权、从直线向网络、从有界向无界、从实体向虚拟的演进趋势。数字经济的发展要求消费品企业的组织架构能够支撑起快速响应、极致体验、品牌优先的竞争战略。采取了平台式组织形式和架构的企业，能够将组织内外资源、决策权限充分赋能于直面市场需求的前端业务团队，实现"让听得见炮声的人指挥战斗"，在不断的试错和技术迭代中掌握非结构化决策问题的应对之道，进而演化出相应的组织能力、技术能力和战略能力。未能及时对组织架构作出调整的企业，特别是传统的科层制企业则容易陷入决策问题结构与组织架构不匹配的困境，其结果就是企业有限的注意力资源无法聚焦于能够有效回应市场需求的决策问题，导致竞争优势的丧失和经营的失败。

失败的诺基亚，成功的酷特云蓝

诺基亚的失败教训

尽管我们已经认识到僵化的组织架构不仅影响决策质量，也会减弱企业发现机会和识别威胁的能力，但现实中仍然能够观察到大量企业因组织架构无法跟上战略调整而失败的案例。例如，曾经在功能型手机市场占据绝对主导地位的诺基亚，这一曾经的行业巨头在很短的时间里丧失了市场占有率，不得已放弃了移动通信消费市场，时至今日仍让人唏嘘不已。芬兰阿尔托大学的提莫·沃瑞（Timo O. Vuori）与阮贵辉（Quy N. Huy）两位教授研究了诺基亚智能手机业务发展过程的案例，他们认为诺基亚囿于科层体制，造成注意力配置方式不当，导致其在与苹果、三星等企业的竞争中失败。

两位教授讨论了诺基亚科层组织分散式注意力结构对共有情绪的影响，以及共有情绪对公司创新行为的消极作用。在功能型手机的时代，诺基亚构建了便于集中决策和高效执行的科层组织架构，高管层与中层经理各司其职，但也造成了层级之间的结构性分离。当面对以苹果iPhone为代表的竞争对手时，诺基亚高管层具有较高的外部恐慌，而诺基亚中层经理具有较高的内部恐慌和较低的外部恐慌。高管层通过员工渠道，以及与顾客、竞争者交流互动将注意力聚焦于外部环境，希望中层经理将注意力放在执行任务方面，鼓励中层专注企业内部而非外部。严格的层级结构加强了中层经理对组织内部地位的依赖，高管层的严苛更加导致交流不畅和中层经理的内部恐慌。

这种注意力结构性的分散造就了层级之间对问题认知的差异，也造成了对威胁和问题的恐慌情绪方面的差异，从而对创新过程中的行为与交流方式造成负面影响。

诺基亚的注意力配置结构导致其在需要作出关键决策的时刻缺乏远见。为了消除对诺基亚可能失去市场主导地位与季度负面经营数据的恐慌，高管层督促包括软件部门和产品部门的中层加快创新产品开发，并施加了过大的压力，导致中层经理将注意力放在高管层的指令安排上，而不是外部环境，且因不接触市场而忽视威胁、轻视变化。中层的软件部门既关注满足高管层的要求，也关注满足产品部门的要求；而产品部门则将注意力放在高管层要求和企业生产的具体产品的细分市场上面。制造部门与软件部门虽相互配合，但限于科层控制未能及时学习和了解新的技术和应用，均与市场变化脱节。

高管层的外部恐慌和中层经理的内部恐慌与低外部恐慌在这些群体之间产生了一种互动，使得高管层和中层经理在开发新软件和引进智能手机业务方面产生分歧，并在评价外部威胁时产生了鸿沟。以往的市场优势使得高管层对诺基亚产品创新的前景过于乐观，但其技术胜任能力明显不足以应对从功能型手机向智能型手机这一关键产品升级过程中的挑战。外部竞争对手快速发展造成的恐慌使高管层相信他们最紧迫的工作是集中资源来进行短期发展，而非考虑长远发展，因此更加依赖于向中层经理施加压力，但中层经理却未能对技术应用前景作出正确的判断。公司高层与中层的认知偏差、恐慌情绪共同阻滞了诺基亚的创新，最终在智能手机的竞争中诺基亚全面失败。

由此可以发现，即便在信息技术全面渗透的商业环境中，企业的组织架构同样可以决定注意力的聚焦方式和聚焦范围。注意力基础观认为，企业的注意力嵌入公司的结构、制度和文化，其配置方式与企业的组织架构、运行规则保持一致，即组织中的博弈规则塑造了注意力的配置结构。我们可以从企业的静态结构和动态运行两个视角理解这一命题。

立足企业的静态结构，可以从规则环境和个人选择两方面进行讨论。一方面，企业的规则、资源和社会关系嵌入企业的外部环境并由外部环境塑造，因此，市场空间、交易时间、程序路径等环境因素都对决策方案的适用性和有效性造成影响。另一方面，管理者通过相对稳定的岗位职能、组织惯例和业务流程，建立起对自身和他人的身份认知、目标期许及决策问题偏好，这也解释了组织内部注意力配置存在的结构性差异。

在动态的企业运行中，组织架构决定了企业内部信息的流动方式，差异化的组织架构会产生差异化的信息流，并导致差异化的组织演化路径。组织中的决策基于信息结构和信息流，并由此产生注意力结构和注意力流。由组织架构决定的决策过程与沟通渠道是注意力结构的实质性构成，因此注意力结构在决策中的意义往往超过注意力流，并影响企业发现与利用市场利基的过程。

企业的注意力配置方式能够反作用于组织架构的变革。注意力聚焦的规则表明，决策者对问题的界定和方案的选择决定了组织变革的方向和方式，组织变革的方案一经确定即内生为企业决策环境的一部分，并对后续组织架构演化产生路径影响。苏切塔·纳德卡尼（Sucheta Nadkarni）和帕梅拉·欣德勒（Pamela S. Barr）两位学者发现，处于高速周转商业环境中的企业要比处于稳定环境中的企业更加关注竞争与市场动力，当企业的注意力对环境变化保持高度聚焦和高效反馈时，其组织架构及基于组织架构的战略执行才能与适应市场环境的变革方向保持一致。

在组织变革的过程中，注意力配置方式会影响战略执行的多个产出变量，既包括对内部业务流程、技术创新、任务结构等方面变化的反应速度，也包括对竞争者技术动态、消费者需求创造、供应链响应模式等方面变化的反应速度。企业的战略执行就是持续地应对上述变化并演化出技术能力和组织能力，从而进一步将这些能力纳入持续的组织变革和架构创新中。能够将注意力始终配置于市场复杂性发展和数字技术创新方向的企业，往往也能够根据企业战略导向，更加积极地对内部组织架构作出调整和改变，在数字经济环境中持续地积累和保持企业竞争优势。

酷特云蓝的成功之道

青岛酷特云蓝是一家向消费者提供定制式服装生产的企业，这家企业在服装行业同质化竞争的压力下不断寻求转型发展，积极拥抱互联网与数字技术变革，探索出数字经济时代的转型之道。酷特云蓝转型主要建立在始终满足消费者需求的导向下，通过消费者个性化需求（Customer）驱动制造过程（Manufacture），构建起C2M商业模式。企业围绕C2M模式建立了以客服中心为中枢的管理模式，消费者位居业务架构最高层级并在服务终端提出个性化的定制需求，越过中间商、代理商和渠道商直接对应制造环节。

企业的柔性制造体系与客服中心相匹配，无须层级化管理渠道即可将消费者需求传递给各节点员工，实现消费者对应全员、全员对应消费者，将组织架构中每个岗位的注意力都聚焦于如何满足消费者的需要。为了在组织功能上满足C2M模式运行的需要，企业以源点论数据工程SDE（Source Data Engineering）方法为解决方案，即以消费者需求数据驱动制造，引导企业的技术流、资金流、人才流和物流，联动供应商、生产商和服务商，从而实现全部资源的优化配置和全要素效率的提升，实现从消费者交互、设计、生产到物流的全价值链自主运行。

酷特云蓝原有的组织架构属于传统的科层制，内部层级固化、审批流程过长、部门边界僵硬等因素很大程度上阻碍了高效协同，不仅推高成本，还造成稀缺的注意力资源难以向消费者需求聚焦。在确立了以服务核心流程为变革导向后，企业以C2M模式引导数据化、网络化、智能化，打破时空边界，聚焦于消费者价值创造过程，以系统化改造促成高效协同。在组织变革过程中，企业打破四方面界限——垂直边界、水平边界、外部边界和时空边界，分别解决组织内部层级与不同的职能业务部门的利益壁垒，外部消费者、供应商、合作伙伴之间的关联壁垒，业务数据流动的时空障碍，从而将分隔的人员、任务、业务、流程、数据有效连接，使信息决策、行动指令能顺畅地流动到供应链节点最需要的地方。

根据运营流程和价值增值的程序，企业将流程上的主要职能集成为6个中心，把原有的三十多个不同规模的部门拆散整合到其中，所有的员工不再归属于部门，而是转变为流程上的节点并承担原有部门的职能，在价值流程的驱动下实现协作。其中，专门成立的流程管控中心专注于维护和优化流程，处理各种非结构化问题，并将处理方法标准化融进运营流程。

为了满足消费者对高品质、个性化定制正装的要求，企业对制造技术、算力算法、生产流程、运营模式、供应网络进行持续升级、调试和优化，开发满足个性化定制的智能柔性制造系统。企业先后成立8个科研中心研究柔性制造解决方案，一方面通过信息技术优化制造流程，另一方面将运营流程与互联网技术结合，建成流程与管控物联网体系。在数字技术的赋能下，企业生产和服务的各个环节产生的大量数据最终汇集成数据流，带动企业的技术流、物质流、资金流、人才流、服务流，实现资源优化配置。以往涉及业务流程的内部请示与审批环节均转化为数据处理环节被优化或简化，员工则作为节点承接数据流配置的任务，以节点价值为核心对应消费者需求并完成相应任务。

经过系统化的改造，酷特云蓝重构组织并实现全业务流程的数字化管控。企业内部取消组织层级和职能部门，中层领导岗位削减了80%，以"规范化、标准化、体系化、数字化、平台化建设，去领导化、去部门、去科层、去审批、去岗位，每个员工只剩下职能和功能"（企业高管在接受访谈时作出的概括性描述),组织架构改造为扁平化平台,总体管理成本下降20%。

企业当前的服装定制业务以大数据为驱动,通过云端获取消费者定制数据并全流程在线上运行。在多年积累的消费者量体数据和专业算法的支撑下,自动制版程序能够以一个数据的改变带动模型库中近一万个数据的同步协调,为消费者提供个性化工艺、款式和尺寸定制服务,实现"一人一版,一衣一款,一件一流"(企业高管在接受访谈时作出的概括性描述)。企业的智能化柔性生产平台可以保证每天生产4000套以上定制服装,所有订单7个工作日内发货并确保物流配送完全准确。新冠疫情期间,线上消费方式进一步发展,企业的盈利能力随之增强,净利润2021年增长28.91%、2022年增长39.01%、2023年第一季度增长61.65%。

酷特云蓝的一系列组织变革源于对组织架构和数字化商业生态的理解。企业在竞争与发展中逐渐将数字生态简化为两个层面:一是居于高端的消费者层面,二是满足消费者需求的资源供给层面。企业的管理层和制造端的员工需要关注不同层面的市场变化:高管负责制定规则和营造内部与外部生态,员工则根据消费者数据的变化实现产品价值。酷特云蓝认为,企业在数字经济时代获得的最大红利是大数据,大数据构成了一切战略和决策的依据,接收数据驱动的思维方式是组织变革的前提,以转变思维方式为先导的组织变革才能将无形的理念转化为有形的结构。企业以源点论为指导,将技术、组织和人员视为相辅相成的系统,所有技术方面的能力和优势都依托于组织和人员，因此变革和改造的核心问题是组织自身。在组织变革的过程中，企业鼓励内部员工根据技术和市场的发展推动组织变革与流程优化，通过互联网和信息化技术不断改造生产制造环节，渐进调整组织架构，主动适应市场与技术的变化，以持续变革和适应能力构建公司的动态能力和竞争优势。

注意力配置策略

基于对企业数字化转型逻辑的理论分析和案例观察，我们可以在三个方面对企业的注意力资源及其配置方式建立新的认知：注意力资源的认知特质、注意力资源与组织架构的互动性、注意力资源的叠加与递增机制。

其一，数字竞争造成企业决策复杂性的增加，使注意力资源价值性、有限性和认知异质性等方面的特质更加凸显。在当前制造业企业数字化改造的探索中，组织架构与数字技术匹配的问题比较容易得到关注，但更值得深入思考的是，上述二者的逻辑起点是否一致，即是否更加有助于企业中不同层级、不同职能、不同岗位上的人员将有限的注意力配置于对市场需求的回应之上。因为相对于数字技术运用和组织架构调整，注意力资源具有无形性特点，且与人的主观认知特性紧密相连，在科学化的管理理念和实践中难以把握和度量，其权重难以在标准化的管理体系中得到评价，更难以如其他有形或无形资源般进行估值和投入产出的衡量。

其二，注意力资源是一种柔性资源，其配置方式不仅服从于组织架构和组织规则，也受组织惯例、企业文化、知识积累、技术特点、发展路径等因素的影响。随着经营环境的不断变化，企业注意力资源配置方式受到扰动的可能性较以往更大，而其柔性特质又造成其配置结构和方式往往比较脆弱，这就需要企业具备较强的战略意志力来支撑注意力资源的配置方式。当企业将战略定位于始终保持对市场的有效回应之上，并将数字技术作为实现这一战略的有效辅助方式，就可以通过数字技术对市场需求和内部资源配置进行系统性匹配，形成一种动态化稳定的"市场—能力—目标"认知结构。尽管管理者基于认知能力的注意力具有异质性，但数字技术的广泛使用能够平衡认知异质性造成的偏差，使组织注意力的配置与市场需求保持一致。

其三，注意力资源的有效配置可以形成叠加效应，在正向激励反馈的作用下可以促成组织内部注意力资源投入与产出的递增机制。从酷特云蓝的组织变革与价值流程重建的过程可以发现，组织内部的注意力资源应当始终聚焦于回应市场和价值创造的环节。当企业意识到层级制组织无法顺畅地管理数据和价值流程，且阻碍了注意力资源对消费者需求的聚焦时，就应当对组织架构作出调整。企业不断优化数据流通过程和价值创造流程，注意力的配置方式也从层级化配置转变为流程化配置，就可以通过不断聚焦注意力解决非结构化问题来提升组织的决策效能。企业决策效能和盈利能力的提升又会促使注意力资源配置和组织架构调整的方向趋于一致，形成一种正反馈效应。

由此可以对数字经济环境中企业的注意力配置策略的形成作出描述，即企业需要充分利用信息化、数字化技术，跟踪把握市场需求的变化，运用消费端价值共创、人员数字交互、组织架构变革等战略手段，保持注意力资源对战略价值环节的持续投入，形成注意力资源投入的正向反馈与递增机制。

管理启示

透过数字技术运用、注意力资源配置与组织架构变革的逻辑，本文可以对企业的管理实践给出一些结论性的启示。

第一，注意力配置的优化能够提升企业对数字化转型逻辑和路径的认知水平。

数字经济的快速发展导致市场信息与经营数据呈几何级数增长，传统科层制企业的高管受工作经验、知识结构、思维习惯等认知能力的限制，难以在注意力资源约束内对所有的问题作出满意的决策。经过组织平台化变革的数字化企业，能够将注意力资源的配置方式从层级配置转变为向市场前端配置。前端业务团队在数字平台与数字赋能的支持下，专注于满足细分市场需求、创新市场业务和提升竞争能力等价值创造环节。注意力资源向这些环节聚焦又推动了企业知识的使用和创造，为企业积累关于价值创造的知识和关于管理过程的知识。

关于价值创造的知识很大程度上来源于工作经验、技术创新和数据资源的积累，需要企业在实践中持续学习和运用，以干中学的方式培养知识创造和管理的能力。关于管理过程的知识则主要源自管理者和决策者长期的经验积累，需要企业对业务流程、管理流程和组织架构不断优化和调试，将这部分知识凝结为组织过程性资产。上述两类知识均构成了企业数字化改造的认知前提，能够帮助企业明确组织数字架构的基础节点，进而形成对数字技术应用和组织能力建设的战略性理解。

第二，注意力配置与组织架构的协同效应可以提升企业的动态能力。

企业为应对数字经济而对组织架构进行调整的能力，本质上是一种基于演化的适应性动态能力。企业数字化建设或改造的一个重要标准是能否实现围绕价值创造过程的数据流通和数据管控，在这个过程中注意力配置既是组织变革的逻辑起点，也是组织变革的目的所在。首先是企业将注意力配置于数字化建设或改造的底层逻辑——知识管理与价值创造，然后创建以数据流为导向的业务流程，以此形成组织职能确立、职位配备和系统搭建的根本依据，在变革后的组织架构内实现人员、数据、技术和运营系统的匹配，最终形成基于数据流的组织架构与注意力之间的动态匹配。

在企业数字化建设或改造的过程中，注意力成为业务数据流向与组织架构调整的关键中介。在这一机制中，注意力对市场、技术和供应链等方面的数据变化作出响应，判别组织架构调整的方向和方式，使企业能够快速应对市场与技术环境变化的挑战，从而以组织架构承载动态能力。由此，我们可以看出，企业主动适应数字化竞争的动态能力是一种同质化的能力，任何企业都可以通过注意力的战略性配置，促成数字化改造与组织架构变革的伺服效应，从而构建企业在数字经济中的竞争优势。